检察文物有话说

李雪慧 / 主 编　　闵 钐 / 副主编

中国言实出版社

图书在版编目（CIP）数据

检察文物有话说 / 李雪慧主编；闫钐副主编.

北京：中国言实出版社，2025.4. -- ISBN 978-7-5171-

5088-6

Ⅰ.D926.3

中国国家版本馆CIP数据核字第2025HP8667号

检察文物有话说

责任编辑：王战星
责任校对：郭江妮

出版发行：中国言实出版社
    地 址：北京市朝阳区北苑路180号加利大厦5号楼105室
    邮 编：100101
    编辑部：北京市海淀区花园北路35号院9号楼302室
    邮 编：100083
    电 话：010-64924853（总编室） 010-64924716（发行部）
    网 址：www.zgyscbs.cn 电子邮箱：zgyscbs@263.net

经 销：新华书店
印 刷：三河市祥达印刷包装有限公司
版 次：2025年5月第1版 2025年5月第1次印刷
规 格：710毫米×1000毫米 1/16 18.5印张
字 数：337千字

定 价：68.00元
书 号：ISBN 978-7-5171-5088-6

前　言

　　文物是历史的见证和载体，是文化传承发展的重要依托。习近平总书记指出，"革命文物承载党和人民英勇奋斗的光荣历史，记载中国革命的伟大历程和感人事迹，是党和国家的宝贵财富，是弘扬革命传统和革命文化、加强社会主义精神文明建设、激发爱国热情、振奋民族精神的生动教材。"

　　党的检察事业在 90 多年光辉历程中，形成了大量具有鲜明法治元素、检察内涵的革命文物。为深化法治文物、检察文物保护利用，携手服务文化强国、法治中国建设，2024 年 3 月，最高人民检察院与中国国家博物馆签署战略合作框架协议。人民检察博物馆以深化落实协议为契机，与中国国家博物馆、瑞金中央革命根据地纪念馆、延安革命纪念馆等文博单位合作，组织力量对相关单位馆藏检察文物进行梳理、研究，从众多检察文物中精选有代表性的 70 件文物，在《检察日报》开设"检察文物有话说"专栏，以"图片 + 文字"的形式介绍文物及其背后的故事，让检察文物走出博物馆，通过媒体传播让更多人知晓。为了让更多读者能够通过检察文物这个独特视角，进一步了解文物所承载的党绝对领导下人民检察事业的光辉历程，感悟老一辈检察人不忘初心、砥砺前行的精神品格，激励引领广大检察人员弘扬优良传统，走好新时代检察长征路，我们在"检察文物有话说"专栏文字基础上组织编写了本书。

这是第一本以检察文物为主题的公开出版物。在党的绝对领导下，人民检察事业历经新民主主义革命的烽火洗礼、社会主义革命和建设的艰辛探索、改革开放和社会主义现代化建设新时期的蓬勃发展以及中国特色社会主义新时代取得的历史性成果，紧跟党和国家事业发展步伐，开启了全面现代化建设的新征程。人民检察事业始终紧密围绕党和国家的中心任务，以党的旗帜为旗帜、以党的方向为方向、以党的意志为意志，与时代同呼吸，与法治共命运，使这一光荣历史在一件件检察文物中"定格"下来。

检察文物承载人民检察制度的发展历程。例如，从苏区时期的《工农检察部的组织条例》《裁判部的暂行组织及裁判条例》，到延安时期的《陕甘宁边区高等法院组织条例》《陕甘宁边区暂行检察条例》，再到《最高人民检察署试行组织条例》《中华人民共和国人民检察院组织法》，见证了人民检察制度长期发展、渐进改进、内生性演化的过程。

检察文物展现检察工作的鲜活实践。例如，江西省兴国县高兴区苏维埃政府工农检察部控告箱，体现了工农检察工作中的群众路线；黄克功案公诉书，体现了陕甘宁边区检察机关贯彻法律面前人人平等原则，公正无私、执法如山；最高人民检察院对武部六藏等28名战争犯罪案起诉书，体现了最高人民检察院按照党中央决策部署，依法侦查起诉和宽大处理日本侵华战争犯罪分子。

检察文物记载老一辈革命家、老一辈检察人的感人事迹。例如，何叔衡使用过的白釉彩绘花卉纹瓷板画、高自立使用过的白釉彩绘花卉纹笔筒、罗荣桓检察长任命通知书、张鼎丞一届全国人大代表当选证、四任检察长使用的办公桌等，每一件文物背后，都能讲出一个感人肺腑、蕴含中国共产党人"精神密码"的检察故事。

检察文物是人民检察事业的宝贵财富，是弘扬红色检察文化、新时代检察精神的生动教材。希望本书能成为一本有益的教材，激励广大检察人员不忘初心、牢记使命，求真务实、担当实干，高质效办好每一个案件，在扎实推进习近平法治思想的检察实践中作出新的更大贡献。

由于水平有限，编写过程中如存在疏漏，敬请读者指正。

编　者

2024 年 12 月

目　录

中华苏维埃共和国中央工农检察人民委员部总务处椭圆形木印

（二级文物　收藏于瑞金中央革命根据地纪念馆）

（图片提供：瑞金中央革命根据地纪念馆）

这是中华苏维埃共和国中央工农检察人民委员部总务处印章，二级文物，收藏于瑞金中央革命根据地纪念馆。印章呈椭圆形体，其长径6.9厘米，短径4.2厘米，厚5.1厘米。木质，印面楷书，上半部阳刻"中华苏维埃共和国"，中间内刻"总务处"，下半部阳刻"中央工农检察人民委员部"，左侧图案为五角星、右侧图案为镰刀锤头，沾有红色印泥，基本完整。

1931年11月7日至20日，中华苏维埃第一次全国代表大会在江西瑞金召开。会议选举产生了中央执行委员会，作为全国代表大会闭会期间最高权力机关。中央执行委员会下设人民委员会，作为中央执行委员会的行政机关。人民委员会下设9部1局，其中就有中央工农检察人民委员部。在省、县、区三级苏维埃政府设工农检察部，城市设工农检察科。

工农检察部的组成人员，除部长、副部长、委员外，还配备指导员、控告局长、调查员、秘书以及管理突击队和工农通讯员的人员等。总务处是工农检察部的内设机构，负责工农检察部的综合管理工作。

（文字：朱廷桢）

【延伸阅读】

十月革命后，俄国建立起苏维埃政权的国家，为中国树立了榜样。"苏维埃"一词是俄文"Совет"的汉语音译名，意思是"代表会议"或"委员会"。中国共产党在反抗国民党反动派的斗争中，创建了中国工农红军，开展了武装斗争，开辟了农村革命根据地。各地在发动武装起义后，大多建立过区域性的苏维埃政府。

随着形势的发展，为加强对全国各苏区斗争的领导，同时也为使全国各苏区之间能互通信息、加强联络，以便在斗争中更好地互相配合、共同对敌，中共中央政治局决定召开全国苏维埃区域代表大会。1930 年 5 月，全国苏维埃区域代表大会和全国红军代表大会同时在上海秘密召开。会议作出了一项重要决议：在 1930 年 11 月 7 日召开中华苏维埃第一次全国代表大会，成立中华苏维埃共和国临时中央政府。

经过一年多的筹备和数次改期后，1931 年 11 月 7 日至 20 日，中华苏维埃第一次全国代表大会在江西瑞金叶坪村举行，选举产生中华苏维埃共和国中央执行委员会，宣布成立中华苏维埃共和国临时中央政府。来自闽西、赣东北、湘赣、湘鄂西、琼崖和中央苏区等根据地红军部队，以及在国民党统治区的全国总工会、全国海员总工会的 610 名代表出席了大会。大会期间，项英、张鼎丞、朱德、周以栗、王稼祥、邓广仁等分别作了劳动法、土地法、军事问题、经济政策、少数民族问题和工农检察处工作报告。

根据《中华苏维埃共和国宪法大纲》的规定，11 月 27 日，中央执行委员会举行第一次会议，选举毛泽东为中央执行委员会主席，项英、张国焘为副主席。会议还选举毛泽东任人民委员会主席，项英、张国焘任副主席，决定中华苏维埃共和国临时中央政府设在江西瑞金。

会议选举产生了中央政府的各部部长（时称人民委员）：王稼祥为外交人民委员；朱德为军事人民委员；项英为劳动人民委员；邓子恢为财政人民委员；张鼎丞为土地人民委员；瞿秋白为教育人民委员；周以

中华苏维埃共和国中央工农检察人民委员部总务处椭圆形木印

3

栗为内务人民委员；张国焘为司法人民委员；何叔衡为工农检察人民委员；邓发为国家政治保卫局局长。

会议结束后，中华苏维埃共和国的各部部长走马上任。中央总务厅将曾作为第一次全国苏维埃代表大会会场的谢氏祠堂，用木板分隔成15个小间，除教育部和国家政治保卫局外，中央政府9部1局中的8个部都在这个祠堂中办公，每个部仅分配到一间十几平方米的小房间。中央工农检察人民委员部设在该祠堂会议主席台左侧的第一间小房间内。

中华苏维埃共和国是中国历史上第一个全国性的工农民主政权，是中国共产党在局部地区执政的重要尝试。中华苏维埃共和国临时中央政府的成立，在一定程度上加强了对处于被分割状态的各根据地的中枢指挥作用，在政治上也产生了很大影响，推动了各根据地的政权、经济、文化教育和党的自身建设。

在工农民主政权建设中，工农检察部、裁判部（内设检察员）、政治保卫局等具有维护苏维埃法律法令正确实施、预审和出庭告发各类犯罪等检察职能的机构随之诞生，人民检察事业从这里启航。

苏区工农检察机关的组织法

——《工农检察部的组织条例》

（一级文物　收藏于中国国家博物馆）

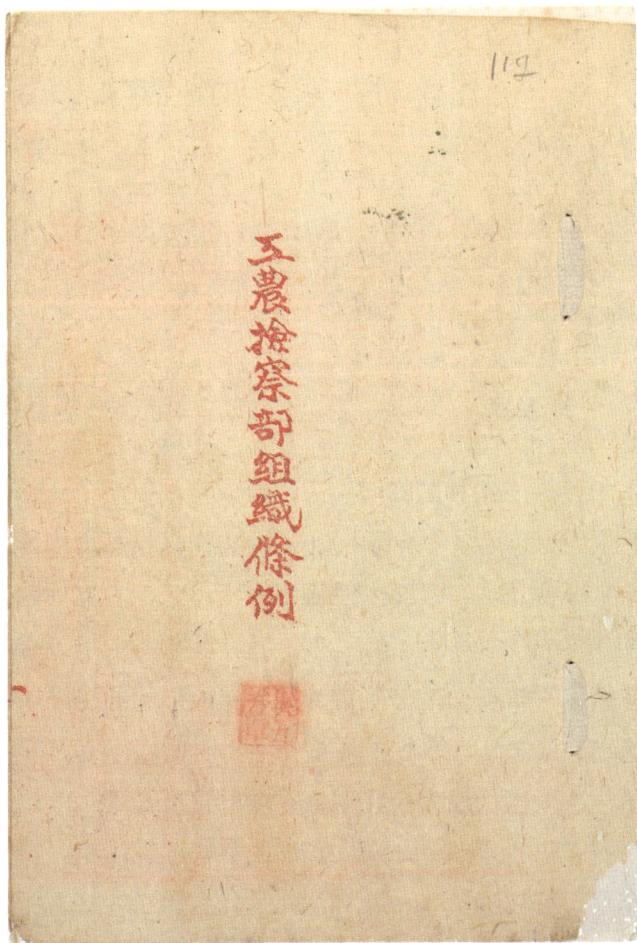

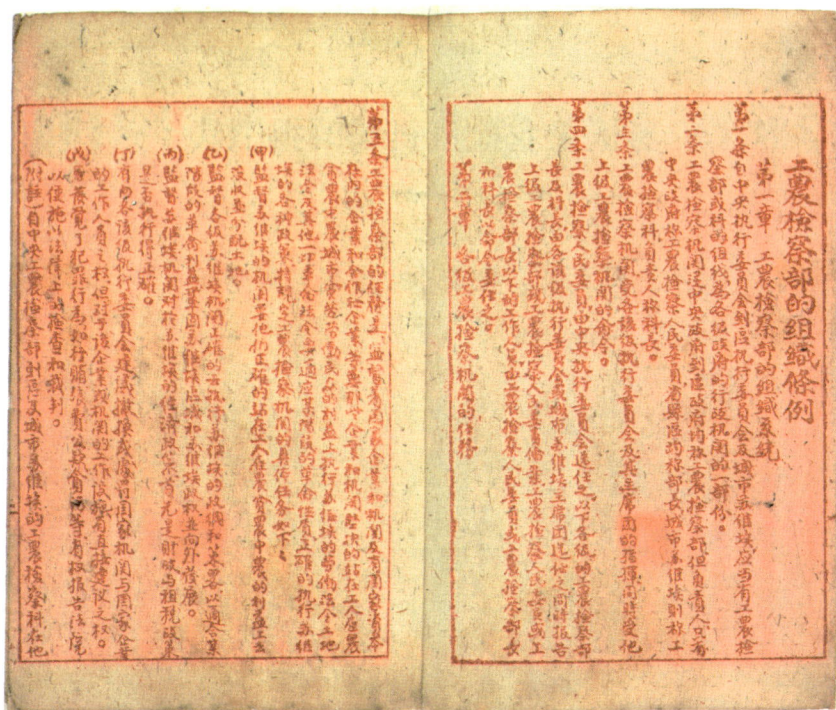

　　这是中华苏维埃共和国临时中央政府成立后制定的《工农检察部的组织条例》（以下简称《条例》），一级文物，收藏于中国国家博物馆。这本小册子封面为"工农检察部组织条例"，内文标题为"工农检察部的组织条例"，多了一个"的"字。参考《中华苏维埃共和国法律文件选编》等资料，本书确定为《工农检察部的组织条例》。

　　1931年11月7日，筹备了整整一年半时间、五易开幕日期的中华苏维埃第一次全国代表大会在瑞金叶坪村隆重开幕。11月9日，大会主席团举行第一次会议。11月20日，中华苏维埃第一次全国代表大会胜利闭幕。会议通过了一系列法律文件，如《中华苏维埃共和国宪法大纲》《中华苏维埃共和国劳动法》《中华苏维埃共和国土地法令》《中国工农红军优待条例》等，其中就包括《工农检察部的组织条例》。

　　《条例》共5章16条，分别规定了工农检察部的组织系统、任务、工作方式、工作人员等。工农检察部是各级政府行政机关的一部分，其主要任务是：监督国家企业和机关及有国家资本在内的企业和合作社企业等，要求这些企业和机关坚决地站在工人、雇农、贫农、中农、城市贫苦劳动群众的利益上，执行苏维埃的劳动法令、土地法令及其他一切革命法令，要适应某阶段的革命性质、正确地执行苏维埃的各种政策。工农检察部的主要工作方式是：有计划地检察国家的各级机关及经济事业；组织检察委员会听取工农通讯员、工农代表、工作人员等的报告；向被检察的单位报告检察的结果，提出建议，并在报刊上发布；设立控告局，接受工农群众对于政府机关或国家企业的缺点和错误的控告；组织突击队去检察某项国家机关或企业的工作；组织群众法庭审理不涉及犯罪的违法违纪案件；移送司法机关，提起诉讼。《条例》还对工农检察机关的工作人员提出了明确要求，应该由"坚决的有阶级觉悟的，在革命斗争中有经验的工人、雇农、贫农及其他革命分子"组成。

　　《工农检察部的组织条例》是苏区工农检察机关的组织法，为工农检察机关依法履职提供了法律依据。

　　　　　　　　　　　　　　　　　（文字：闵　钐　朱廷桢）

工农检察部的组织条例

（一九三一年十一月中华苏维埃共和国第一次全国工农兵代表大会通过）

第一章　工农检察部的组织系统

第一条　自中央执行委员会到区执行委员会及城市苏维埃，应当有工农检察部或科的组织，为各级政府的行政机关的一部分。

第二条　工农检察机关从中央政府到区政府均称工农检察部，但负责人只有中央政府称工农检察人民委员，省县区均称部长，城市苏维埃则称工农检察科，负责人称科长。

第三条　工农检察机关受各该级执行委员会及其主席团的指挥，同时受他上级工农检察机关的命令。

第四条　工农检察人民委员由中央执行委员会选任之，以下各级的工农检察部长及科长由各该级执行委员会或城市苏维埃主席团选任之，同时报告上级工农检察部或工农检察人民委员会备案，工农检察人民委员或工农检察部长以下的工作人员，由工农检察人民委员或工农检察部长和科长以命令委任之。

第二章　各级工农检察机关的任务

第五条　工农检察部的任务是，监督着国家企业和机关及有国家资本在内的企业和合作社企业等，要那些企业和机关坚决地站在工人、雇农、贫农、中农、城市贫苦劳动群众的利益上，执行苏维埃的劳动法令、土地法令及其他一切革命法令，要适应某阶段的革命性质、正确地执行苏维埃的各种政策，特规定工农检察机关的具体任务如下：

（甲）监督苏维埃的机关，要他们正确地站在工人、雇农、贫农、中农的利益上去没收并分配土地。

（乙）监督各级苏维埃机关正确地去执行苏维埃的政纲和策略，以适合某阶段的革命利益。巩固苏维埃区域和苏维埃政权，并向外发展。

（丙）监督苏维埃机关对于苏维埃的经济政策。首先是财政与租税政策，是否执行得正确。

（丁）有向各该级执行委员会建议撤换或处罚国家机关与国家企业的工作人员之权，但对于该企业或机关的工作设施、有直接建议之权。

（戊）若发觉了犯罪行为，如行贿、浪费公款、贪污等，有权报告法院，以便施行法律上的检查和裁判。

（附注）：自中央工农检察部到区及城市苏维埃的工农检察科，在他所管辖的范围内都须按照本章所例举的任务进行工作。

第三章　各级工农检察机关的工作方式

第六条　有计划地检察国家的各机关及经济事业，检查各机关及经济事业的时候，看他的性质可组织各种专门检察委员会（如土地分配检察委员会、租税问题检察委员会等）检察之，其人数由三人至五人。

第七条　检察的时候，检察委员会须注意听工农通讯员的报告，听工农的个别谈话，听工作人员的报告等。检察委员会在检查工作中，应注意检察该项机关和经济事业的任务，及应检察的主要事项。

第八条　检察结束之后，应向该机关或国家生产事业的全体工作人员报告检察的结果（如在工厂，召集全工厂的工人和职员全体大会。在农村则召集该村的农民大会，学校则召集教职员和学生的全体大会等）。但须在该级的工农检察委员会会议上做报告和讨论，并对被检察的机关提出具体的建议。被检察的机关如不同意检察人员或检察委员会的建议时，工农检察的各级机关得提到各该级的执行委员会，用命令使该项国家机关或企业执行该项建议。

第九条　工农检察机关须将检察的结果和对于机关或企业的建议随时在报上公布。

第十条　工农检察部之下须设立控告局，以接受工农对于政府机关或国家企业的缺点和错误的控告事件，在工农集中的地方，得指定可靠的工农分子代收工农的控告书，并须在工农集中的地方，悬挂控告箱，以便工农投递具名意见书。

第十一条　组织突击队，以突然的去检察某项国家机关或企业的工作，在这种检察之中，很容易揭破官僚主义腐化分子的事实。

第十二条　工农检察机关如发觉各机关内的官僚主义者和腐化分子，有必要时可以组织群众法庭，以审理不涉及犯法行为的案件，该项法庭有权判决开除工作人员，登报宣布其官僚腐化的罪状等。

第十三条　如发觉某机关或某团体的工作人员有违法的行为，应将这些材料转给司法机关，以便提出诉讼。

第四章　工农检察各机关的工作人员

第十四条　各级工农检察机关的工作人员，应该由坚决的有阶级觉悟的，在革命斗争中有经验的工人、雇农、贫农及其他最革命分子组织而成，并随时可以吸收积极的工农分子帮助工农检察的工作。

第五章　附　则

第十五条　大会赋予中央执行委员会有修改和停止本条例之权。本条例如有未尽事宜，由中央执行委员会以命令公布之。

第十六条　本条例自公布之日起发生效力。

工农检察部的独立办公场所

——中央工农检察人民委员部大门

（二级文物　收藏于中华苏维埃共和国法制建设纪念馆）

（图片提供：中华苏维埃共和国法制建设纪念馆）

　　这是收藏于中华苏维埃共和国法制建设纪念馆的二级文物——中央工农检察人民委员部大门。

　　1931 年 11 月 7 日至 20 日，中华苏维埃第一次全国代表大会在江西瑞金召开，中华苏维埃共和国临时中央政府成立。会议选举何叔衡为工农检察人民委员。会议结束后，中央政府各机关在叶坪谢氏祠堂内办公。每个部仅分配一间十几平方米的小房间，每个房间内设 1

11

部手摇电话机、1张桌子、几条凳子。

　　1933年4月，中央工农检察人民委员部搬到沙洲坝，驻老茶亭杨氏宗厅，至此有了一处独立的办公场所。杨氏宗厅原址位于中央政府大礼堂南约100米，是一幢老式客家宗厅，始建于清康熙年间，距今300余年。宗厅坐北朝南，宽5间，深3间，中间有天井2个，把宗厅从北至南分成上、中、下三进。2001年，在中央工农检察人民委员部旧址迁建前，这扇木门被抢救性收集保护起来。2007年人民检察博物馆（井冈山）建成后，收藏于该馆。2023年11月，木门搬迁到新建的中华苏维埃共和国法制建设纪念馆（瑞金）收藏展陈。

　　这扇木门作为杨氏宗厅的正门，见证了人民检察制度的发端，承载着历史厚重的记忆。

（文字：邹　成）

【延伸阅读】

1933年4月，中央工农检察人民委员部办公地点从叶坪村迁到了沙洲坝一处客家宗厅，当地人称为"杨氏宗厅"。何叔衡、高自立、董必武、项英曾在这里办公；毛泽东、张闻天等中共中央、中央政府领导同志都曾到这里指导查处贪污浪费大案要案等工作。杨氏宗厅见证了人民检察制度的发端，见证了何叔衡、项英等检察先驱的光辉业绩，见证了人民检察机关初创时期艰难的奋斗历程。杨氏宗厅的正门，因此被称为"人民检察第一门"。

2007年，为了更好地保护革命历史旧址，留住人民检察事业开创初期的历史见证，人民检察博物馆、江西省检察院和瑞金市检察院一起将此门从瑞金抢救性地收集过来，展陈在当时位于国家检察官学院井冈山分院的人民检察博物馆。

据瑞金市检察院退休干警杨志成回忆，"当时，这扇木门还是当地老表家的，新中国成立后因为年久失修，祠堂都快倒了。我是土生土长的沙洲坝人，就找到那些长辈协商说，能不能把这扇木门给我们？得到同意后，检察机关派员把它从祠堂里拆了下来，还找了一辆货车，走了400多公里路拉到井冈山"。2023年，瑞金建立中华苏维埃共和国法制建设纪念馆，经过上级检察机关同意，"人民检察第一门"从井冈山迁回到纪念馆里面展陈。

2017年10月，位于最高人民检察院香山办公区的人民检察博物馆新馆落成，其门厅是根据沙洲坝老茶亭杨氏宗厅旧址进行的场景复原。走进人民检察博物馆，首先映入眼帘的就是"人民检察第一门"，将我们带入人民检察萌芽发端的革命年代。

何叔衡使用过的瓷板画

（二级文物　收藏于瑞金中央革命根据地纪念馆）

（图片提供：瑞金中央革命根据地纪念馆）

　　这是苏区时期何叔衡同志使用过的白釉彩绘花卉纹瓷板画，二级文物，收藏于瑞金中央革命根据地纪念馆。不同于其他革命文物的庄严肃穆，这是一件秀丽雅致、极具艺术特色的艺术品，是典型的粉彩瓷板，呈圆形，直径22.4厘米，厚度0.65厘米，上面画有一株三头菊，花瓣颜色各异，分别为粉、蓝、紫三色，用色鲜艳，粉润柔和，画面清丽雅致。

何叔衡（1876—1935），湖南宁乡人，中共一大代表，中国共产党创始人之一。1931年11月，任中华苏维埃共和国临时中央政府工农检察人民委员部人民委员（政府各部主要负责人称"人民委员"）。

1876年，何叔衡出生于湖南宁乡一个农民家庭，26岁时得中秀才。1919年五四运动爆发，何叔衡以极大的热情投入其中，组织和推动湖南反帝反封建斗争不断深入和发展。同年11月，他被选为新民学会执行委员长。毛泽东称赞他"叔翁办事，可当大局"。1921年6月29日，毛泽东和何叔衡代表湖南的共产主义者前往上海，出席中国共产党第一次全国代表大会。中共一大闭幕后，何叔衡和毛泽东被派回长沙，在湖南建立中共湖南支部。1922年五一节前后，中共湘区执行委员会正式成立，毛泽东任书记，何叔衡任组织委员。1931年11月，在中华苏维埃第一次全国代表大会上，何叔衡当选为中央执行委员会委员，并被任命为中央政府工农检察人民委员。1932年2月，何叔衡兼任临时最高法庭主席，之后又兼任内务人民委员部代部长等职务。

1934年10月，中央红军主力长征后，何叔衡奉命留守赣南坚持游击战争。1935年2月，中央苏区沦陷，何叔衡与瞿秋白、邓子恢等从江西瑞金出发转移去闽西。在福建长汀突围战中，何叔衡壮烈牺牲，实践了他生前"我要为苏维埃流尽最后一滴血"的誓言。

（文字：袁宗评　朱廷桢）

【延伸阅读】

在苏区中央政府工作期间，深受毛泽东信任的何叔衡先后担任了中央工农检察人民委员部人民委员、内务部代部长、临时最高法庭主席等职务，他与徐特立、林伯渠、谢觉哉、董必武被尊称为"苏区五老"。

何叔衡上任后，在各级工农检察部设立控告局，接受工农群众对苏维埃政府机关和经济机关的控告，并调查控告的事实。在推进苏区惩腐肃贪工作中，他不但时常召集工作人员开会，发动大家分头深入基层进行摸底，而且他本人更是身体力行，时常走街串户、深入实地搞调查。他白天和群众在田间地头边干边谈，晚上召集部分干部群众座谈，将大家说的事情记在记事簿上，再整理成材料。调查时，何叔衡身上随时背着三件物品：布袋子、手电筒和记事簿，这三件物品被大家戏称为"三件宝"。手电筒用来照明走夜路；布袋子是何叔衡自己设计，然后请人特制的，布袋子里面分成几个小袋子，叫"袋中袋"，每个小袋都有它特定的用处；记事簿上几乎无所不记，东西虽多，但条理清晰，杂而不乱，何叔衡说："人老了，脑子不管用，记在本子上忘不了。"

作为苏区的"首席大法官"，何叔衡坚持公正司法。例如，对于朱多伸反革命案，他在临时最高法庭批示中指出，该案属于普通刑事案件，朱多伸不构成反革命罪，改为监禁 2 年。在处理案件时，何叔衡还注重发挥调解的作用。当时，瑞金白露乡、合龙乡的毛姓宗族与杨姓宗族因为农田灌溉"抢水"问题，多次引发两村争斗。白露、合龙两乡百姓，无奈向临时最高法庭提出控告。为解决此纠纷，何叔衡两次翻山越岭，来到瑞金县两乡所争议的水源处，会同县裁判部组织巡回法庭，召集区负责人及两乡有关人员开会进行调处，最终争取到毛姓大多数群众的支持，有效化解了白露、合龙两乡的水利纠纷，使案件得到及时妥善的处理，两乡两姓群众得以化干戈为玉帛。

从反封建的秀才，到新文化运动的干将，再到中国共产党的建党先驱,何叔衡的一生,是革命的一生,也是光辉的一生,深刻诠释了伟大建党精神内涵。何叔衡的女儿何实山、何实嗣在《回忆父亲何叔衡》中写道:"林伯渠同志曾说过,旧学问一经和革命学问相结合,即和最新的学问——马克思主义相结合,蔚然发出奇光。这奇光,照耀着父亲认准革命的方向,百折不回地走到底,直至为苏维埃流尽最后一滴血!这奇光永远照耀着我们踏着先烈的血迹,勇往直前!"

何叔衡签发的三份训令

——《工农检察人民委员部训令（第二、三、四号）》

（收藏于中国国家博物馆）

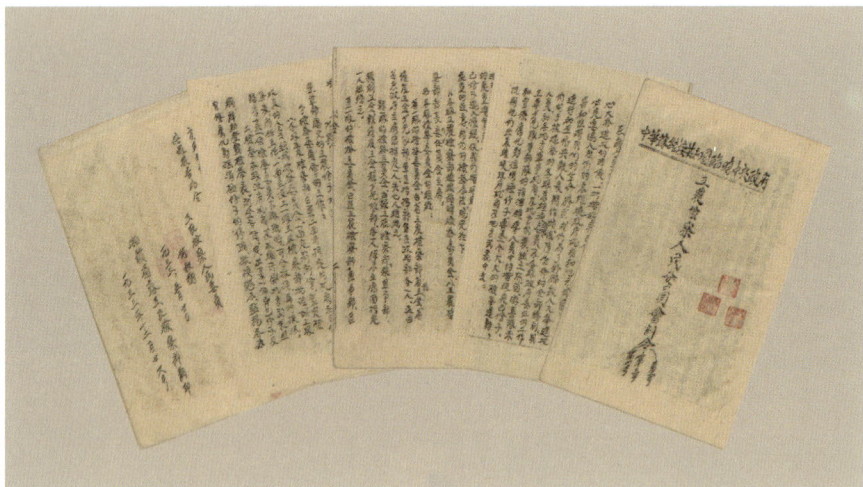

（图片提供：中国国家博物馆）

这是 1932 年 12 月至 1933 年 5 月间中央工农检察人民委员部训令第二号、第三号和第四号的合辑（该文件封面"工农检察人民委员会"为印刷错误），由湘赣省苏维埃政府工农检察部翻印，共 16 页，收藏于中国国家博物馆。

第二号训令是关于"检查苏维埃政府机关和地方武装中的阶级异己分子及贪污腐化、动摇消极分子问题"；第三号训令是关于"健全各级工农检察部组织"；第四号训令是关于"继续并深入检举工作运动"。这三份训令都是何叔衡任中央工农检察人民委员部人民委员

（部长）时签发的。

在土地革命战争时期，相对于法律、条例、纲要等，训令是苏区司法检察工作重要的规范性文件，兼有立法性文件和非立法性文件两方面特点。例如，第三号训令强调要健全各级工农检察部组织，对省、县、区工农检察部的组织作出明确规定，带有较为明显的立法性文件特点。第二号训令和第四号训令，则主要是对各级工农检察部如何深入开展检举运动作出的具有普遍约束力的工作指示。

中央工农检察人民委员部通过发布训令这一方式，分析存在的问题，指明工作方向，提出工作要求，健全制度规范，推动工农检察工作健康发展。

（文字：闵 钐　朱廷桢）

中央工农检察人民委员部关于检查苏维埃政府机关和地方武装中的阶级异己分子及贪污腐化、动摇消极分子问题的训令

（第二号）

在敌人垂死的挣扎，用"三分军事、七分政治"，下最大决心大举进攻的时候，一切阶级异己分子及各种反动政治派别必定要混入我们的苏维埃政府机关和地方武装中，来危害和阻碍我们的革命胜利。我们为了粉碎敌人大举进攻，进行和准备与敌人长期作战，保障革命的全部胜利，我们对于被选举的各级苏维埃政府委员及各级政府委任的工作人员和各地军事机关及地方武装、独立师团、游击队、赤卫军、少先队等部队的指挥领导人员中的阶级异己分子和官僚腐化、动摇消极分子，要来一个大大的检举运动，洗刷他们出苏维埃政府机关及地方武装中去。

同志们！在一、二、三次战争中的事实教训我们，到战争紧张时，少数地方政府有阶级异己分子混入操纵，致发生领导反水的严重现象。同样的在少数地方武装内，也有阶级异己分子混入操纵，使我们阶级战争发生污点，这值得我们严重的注意。我们的检举办法规定于下：

一、各级工农检察部组织临时检举委员会，以工农检察部部长任委员会主席。

二、各级检举委员会的组织：

省一级的检举委员会，由省工农检察部、省职工会、省雇农工会、少先队部、军区指挥部、军区政治部各一人，再由省苏政府主席团指定一人，共七人组织之。

县一级的检举委员会，由县工农检察部、县军事部、县职工会、县雇农工会、县少先队部各一人，县苏政府主席团指定一人组织之。

区一级的检举委员会，由区工农检察部、军事部、区职工会、区雇农工会、区少先队各一人，由区苏政府主席团指定一人组织之。

城市检举委员会，由城苏工农检察科、军事科、城区职工会、城苏主席团指定一人组织之。

（附注：各级选定的检举委员，要有长期坚决斗争革命历史的工农分子，尤其是工人。）

三、检举委员会的工作

（一）各级工农检察部召集上面所指定的机关和团体派来的人员组织检举委员会，一面定期开会，制定检举表，开始工作；一面呈报上一级工农检察部批准，如上级认为某一个检举委员有不称职时，可令撤换，再行拣派。

（二）检举本级政府机关及本级所属地方武装组织，详细登载检举表，开会讨论，定出某一个异己分子及官僚腐化、动摇消极分子的停职、撤换、惩办、监视各办法，向政府机关、军事机关中的群众报告，发动斗争，征求同意，再向上级工农检举部报告，提交上级政府机关及军事机关核准执行。（附注：有长期阶级斗争的历史，思想行动已完全无产阶级化者，不在被检举之列。）

（三）分发去指挥、监督、检举下一级的政府机关和地方武装的组织，如省分发到各县，县分发到各区及城市，区分发到各乡之类。

四、检举工作的联系

此次检举工作要与战争紧急动员和改造苏维埃政府，发展地方武装，彻底实行劳动法、土地法等工作联系起来，才有力量和作用。

五、检举工作的总结

各级检举委员会的工作报告和检举表都要写两份，一份存本级工农检察部，一份报告上级工农检察部。检举工作完结，检举委员会即解散。在明年一月五日以前，各省要将检举总结报告中央工农检察人民委员部，至于各县、区的检举总结期间，总在十二月底，要努力完结，万勿视为具文。

　　此令

工农检察人民委员　何叔衡

一九三二年十二月一日

一份省级工农检察部推进检举运动的指示

——《江西省苏维埃政府工农检察部训令（第六号）》

（三级文物　收藏于瑞金中央革命根据地纪念馆）

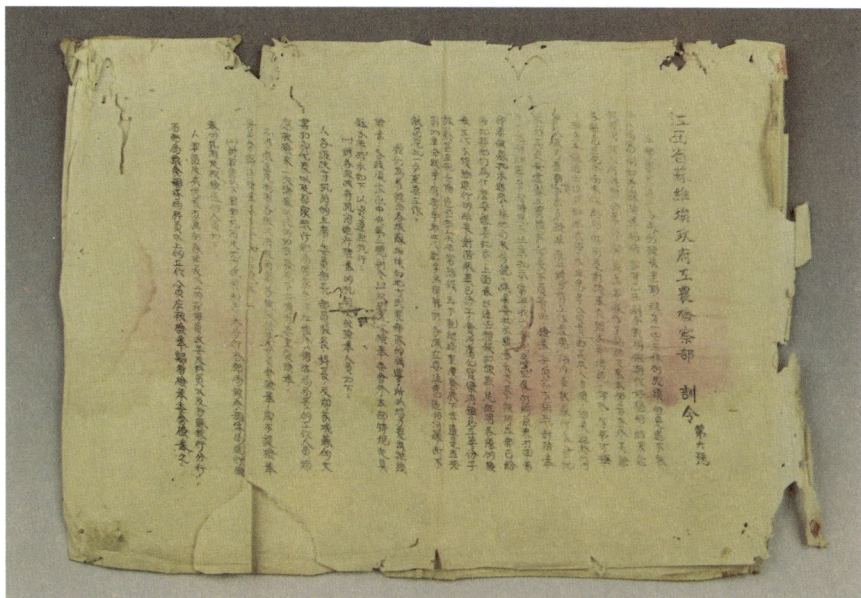

（图片提供：瑞金中央革命根据地纪念馆）

　　这是 1933 年 5 月 20 日江西省苏维埃政府工农检察部发布的第六号训令，三级文物，收藏于瑞金中央革命根据地纪念馆。

　　1932 年 12 月 1 日，中央工农检察人民委员部发布第二号训令，要求开展检举运动，检举苏维埃政府机关和地方武装中的阶级异己分子及贪污腐化、动摇消极分子。训令发布半年后，1933 年 5 月 20 日，针对检举运动中存在的问题和不足，江西省苏维埃政府工农检察部发布了第六号训令。江西省苏维埃政府成立于 1930 年 10 月，1933 年 4 月至 12 月，吴家俊任副主席，兼工农检察部部长。

这份训令认为，过去的检举运动虽有一些成绩，但是还不能令人满意。例如，有的地方的检举表由本人自填，过于简单；检举表上"目前工作表现"栏多数县份未曾填写。训令对下一步深入推进检举运动提出了要求：明确各级政府和地方武装工作人员接受检举的范围、检举工作的流程、检举表的报送和检举总结期限。

从这份训令内容可以看到苏区省级工农检察部是怎样结合实际将中央工农检察人民委员部的指示要求进一步细化落实的。例如，在检举工作流程方面：（1）派检察委员会代表召集各级工作人员会议及各部队军人大会详细报告检举的意义，发动群众在会议上或会议前发表意见收集材料；（2）详细填写检举表；（3）由检举委员会开会讨论，定出一个异己分子或贪污腐化动摇消极分子的停职、撤换惩办、监视批评教育等各种办法；（4）向政府或军队中的群众报告，发动斗争，征求同意；（5）向工农检察部报告，交上级机关及军事机关核实并公布执行。在工作材料报送存档方面，要求各级检举委员会的工作报告和检举表都要写两份，一份存本级工农检察部，一份送上级工农检察部汇总。

（文字：闵 钐 周方园）

江西省苏维埃政府工农检察部训令

第六号

本部审察过去各县的检举运动，虽有一些工作的成绩，但是还不能令人满意。例如各县检举总结，当时已在训令载明依期作好总结，结果延误时间，仅只有兴国、公略、浔邬、万泰等县作了总结交来本部审查外，其余各县竟至现今尚未作总结，特别是对检举表犹未弄清楚，何以有事可证。

1. 检查各县过去填写检举表时，不注意专人负责，由其本人自填，结果过于简单，以至考察事实不出。

2. 检举表上对"目前工作表现"栏内多数县份未曾批示，尤其是安远县工农检察部长不负责任，检举委员亦不称职，对检举表不经详细审查，同时既不注意批示。当时我们拆阅审查后，仍将原表打回，着即要该县批示送来。接他们来信说：俟县委批示检举表交来。彼时本部已给信批评他们为什么要县委批示。

上面举出这些错误和缺点，足证明各县的检举工作不积极进行的结果，对阶级异己分子、贪污腐化官僚消极怠工等分子放松甚至说妥协，这些事实非常错误，再不能继续重复发展下去，这是直接影响革命战争，有害争取四次战争全部胜利，各级应要注意这个问题，断不能忽视此一步重要工作。

我们为着健全各级苏维埃和地方武装部队的领导，所以竭力提出继续检举，各级须依照中央第二号训令组织第□次检举委员会外，本部特规定具体办法指示如下，以资遵照执行：

（一）对各级政府机关进行检举的机关及被检举人员如下：

1.各级政府机关的主席、委员部长、部员股长、科长，及乡（苏）城苏的文书和乡代表以及国家银行邮局国家合作社粮食调剂局局长的工作人员，都应被检举一次，检举以后的如有发现不好情形要重复检举。

2.省县区及城市各级政府机关归各该级检举委员会检举，乡不设检举委员会，归区检举委员会去检举。

（二）对军区以下军事机关及地方武装和省苏分行、省邮局、粮食调剂局进行检举的机关及被检举的人员如下：

1.军区及其武装直属部队排长以上的指挥员、政委及科员以及省苏银行分行、省邮局、粮食调剂局科员以上的工作人员应被检举，归省检举委会检举之。

2.各县不脱离生产的武装模范营、模范少队、赤卫军等排长以上的指挥员政委及指挥机关（赤卫军军部少先队等）科长以上的工作人员应被检举，军一级归各县检举委员会检举，师以下归各区检委会检举。

3.各县脱离生产的武装游击队警卫连等排长以上的指挥员政委及科长以上的工作人员应被检举归各县检举委员会检举。

4.各独立团独立师排长以上的指挥员政委科长以上的工作人员应被检举归各中心县的检举委员会检举之，如中心县的检举委员会由各分区指挥部政委去领导等组织五人至九人，检举委员会去检举之后，检举表由军区发下。

5.部队在县距离所在地较远县，检委会应派人去协同该部队政委进行调查，详细登载检举表。对于被检举人的成分各县政委应负完全责交县检举委员会审查做总结。

（三）各级政府军事机关及含有地方性的武装进行检举时应先派检察委员会代表召集各级工作人员会议及各部队军人大会议详细报告检举的意义，发动群众在会议上或会议前发表意见收集材料，详细填写检举表，由检举委员会开会讨论，定出一个异己分子或贪污腐化动摇消极分子的停职、撤换惩办、监视批评教育等各种办法，再向政府或队中的群众报告，发动斗争，征求同意再向工农检察部报告，交上级机关及军事机关核实公布执行。

（四）各级检举委员会的工作报告和检举表都要写二份，一份存本级工农检察部，一份送上级工农检察部汇总。

（五）各县检举总结期限限六月底报告本部。各级检举完毕，各级检委会即可解散。

此令

工农检察部长　吴家俊

公历一九三三年五月二十日

高自立使用过的笔筒

(二级文物　收藏于瑞金中央革命根据地纪念馆)

(图片提供：瑞金中央革命根据地纪念馆)

这是苏区时期中央工农检察人民委员部副部长高自立使用过的白釉彩绘花卉纹笔筒，二级文物，收藏于瑞金中央革命根据地纪念馆。笔筒高 12.4 厘米，外径 7.4 厘米，内径 6 厘米，外沿厚度 0.73 厘米。笔筒上绘有石玉花，彩绘图案上方用隶书写有"石玉"二字，落款为"江西珠山福兴作"，笔筒底面印章文字为"陈福兴造"。这个笔筒一直摆放在高自立的办公桌上，是他在工农检察人民委员部任副部长期间的一件办公文房用品。

高自立（1900—1950），江西萍乡人。1922 年，参加安源路矿工人俱乐部活动，在安源从事工人运动，是工人运动的骨干分子，帮助安源路矿工人消费合作社采购货物，清理财务账目。1926 年 9 月，北伐军占领萍乡城，萍乡和安源工人组织相继恢复建立，他参加了店员工会。萍乡县总工会成立后，又到萍乡县总工会调查股工作，在生产消费合作社总社管理总账，并兼任公有财产保管委员会委员。同年 10 月加入中国共产党。1927 年 9 月参加湘赣边界秋收起义，后随部队到井冈山，参加了创建井冈山革命根据地的斗争。1933 年 5 月 8 日，任中央工农检察人民委员部副部长，不久任代理部长。

高自立在工农检察人民委员部工作期间，亲自查办了不少贪腐案件，也非常重视工农检察队伍建设。在革命生涯中，高自立始终保持坚定的共产主义信仰和高昂的革命斗志，从 1927 年参加湘赣边界的秋收起义、跟随毛泽东上井冈山、率部参加中央苏区第一次至第四次反"围剿"，到后来任职于中央政府、陕甘宁边区政府、冀热辽分局，转战南北，为党和人民建立了不朽功勋。

（文字：袁宗评　周方园）

【延伸阅读】

1933 年 5 月，中央人民委员会常委会第四十二次会议任命高自立为中央工农检察人民委员部副部长，不久任代理部长。1933 年 11 月，中央工农检察人民委员部在瑞金县财政部 9 月至 10 月经费收支决算报告中发现了贪污浪费的迹象。高自立亲自带队进驻瑞金县苏维埃驻地附近明察暗访，发现财政部部长蓝文勋和会计科科长唐仁达有重大贪污浪费嫌疑，立即对相关人员贪腐问题进行调查，最终查明瑞金县财政部存在虚报开支、侵吞公债公物、乱开项目等贪污腐败现象，合计贪污 2820 多块银圆。不久，临时最高法庭判决唐仁达死刑，执行枪决；判决蓝文勋监禁 10 年，没收一切财产。根据瑞金县财政部暴露的问题，高自立又组织人员顺藤摸瓜，在瑞金县区乡两级苏维埃又相继查处壬田区委组织部部长钟某龙、军事部部长范某柱等贪污案件。经对瑞金县苏维埃政府的开支情况全面检查，发现存在严重的贪污浪费现象：瑞金县苏维埃政府仅 1933 年 10 月就超预算达 858 块银圆，瑞金县苏维埃主席团却全然不知，瑞金县苏维埃主席杨世珠等责任人员均受到应有的惩处。高自立认为贪污腐败问题既要治标更要治本，他建议中央工农检察人民委员部把反贪污浪费斗争深入各级政府及群众中去。1933 年 12 月，临时中央政府颁布关于惩治贪污浪费行为的训令。至此，苏区反贪污浪费、反官僚主义斗争掀起了新高潮。

高自立高度重视工农检察队伍建设，严查队伍中的懈怠失职、官僚主义行为。宁化县木枋区、准土区工农检察部部长王某生、张某提参加中央政府召集的邻近八县区苏维埃各部负责人会议期间，"既无工作报告，又不发言"，甚至还"翘会"上街。对此，在严肃纪律的同时，高自立撰文《两个吃冤枉的工农检察部长》，在中央政府机关报《红色中华》第 92 期予以通报。此外，罗田区工农检察部部长饶某贞，放任某合作社把苏区紧缺的耕牛卖至白区而不加制止，也被通报批评。

1934 年 6 月，高自立赴苏联出席共产国际七大，当选为共产国际监察委员会委员。1938 年初，在全民抗战的热潮中，高自立回国到达延安；4 月，任陕甘宁边区政府副主席、代主席。1939 年 2 月，在陕甘宁边区第一届参议会议上，高自立被选为边区政府委员。2 月 6 日宣誓就职，被推选为陕甘宁边区政府常务委员、副主席兼民政厅厅长。作为陕甘宁边区政府的主要领导人之一，高自立非常注重法制建设。1940 年 6 月 7 日，《林伯渠、高自立关于新区建立统一战线模范政权致王维舟、朱开铨的复函》指出，"因为民主政府，是法制的政府……法令对于政府或政府工作人员，是规定政府的权利和义务。对于人民的合法权利，政府有保护的义务"，强调政府必须依法行使权力、履行法定义务，保护人民权利，否则就要承担法律责任。

　　高自立一生克己奉公，崇尚勤俭，作风清廉。他认为，一名共产党员既要管好自己，做到廉洁为民，又要管好亲属，做到正气传家。高自立一心向党，甘守清贫。在长期的战斗中，特别是在井冈山反"围剿"战斗中，高自立多次负伤，又长期缺乏营养，身体非常虚弱。尽管如此，他还是省吃俭用，把钱积攒下来捐给党组织支援革命事业。逝世后，高自立留给家人的仅有一床破棉被、一只破皮箱、一件大衣、几件换洗衣服和指南针、放大镜等工作用品。1983 年 8 月，高自立的女儿高馥英决定将高自立的这些遗物捐献给安源路矿工人运动纪念馆。纪念馆按照有关规定，表示要给予报酬。高馥英坚决拒绝："父亲拿出家中的一切支持革命，我们不可能拿他的遗物去换钱，否则怎么对得起父亲！"

高自立签发的三份训令

——《工农检察人民委员部训令（第五、六、七号）》

（收藏于中国国家博物馆）

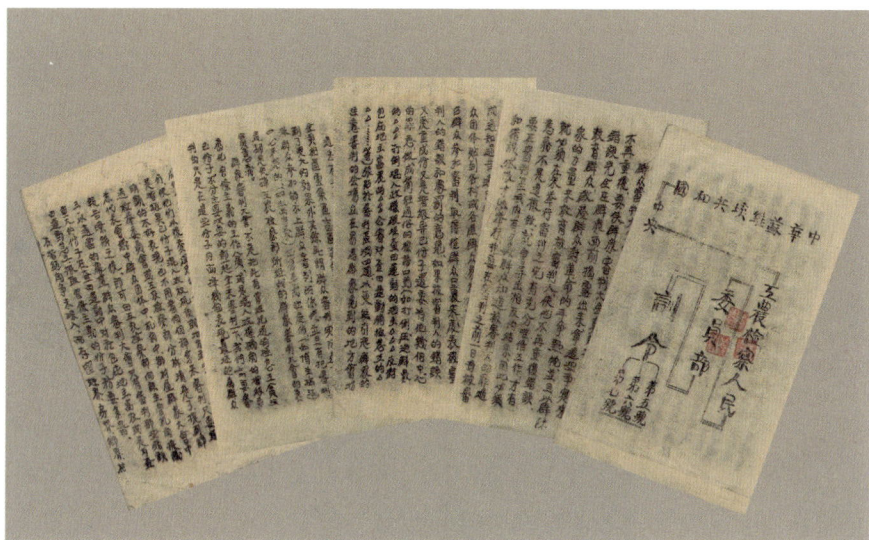

（图片提供：中国国家博物馆）

这是 1933 年 7 月至 8 月间中央工农检察人民委员部训令第五号、第六号、第七号的合辑，由湘赣省苏维埃政府工农检察部翻印，共 18 页，收藏于中国国家博物馆。

第五号训令是《群众审判大会的手续》，强调召开群众审判大会要做好充分准备。第六号训令是《在查田运动中进行普遍的检举运动》，强调要健全组织，加强工作能力，普遍成立乡、区、县检举委员会开展广泛的检举运动，举行群众审判大会，发展通讯员。第七号训令是关于对查田运动开展情况进行检察以及督促各级工农检察部认真贯彻训令、及时全面报送工作情况等。

高自立分别于7月4日、7月6日和8月25日签发了这三份训令。

（文字：骆贤涛　朱廷桢）

【延伸阅读】

群众审判会是工农检察部贯彻群众路线，对各种妨害苏维埃利益或违反企业和机关的纪律而未达到犯法行为的程度的案件进行审判的组织，即群众法庭。《工农检察部的组织条例》第十二条规定："工农检察机关如发觉各机关内的官僚主义者和腐化分子，有必要时可以组织群众法庭，以审理不涉及犯法行为的案件，该项法庭有权判决开除工作人员，登报宣布其官僚腐化的罪状等。"这为组织群众审判会提供了法律依据。

《群众审判会组织纲要》规定，群众审判会由被审判者所在机关或企业的工作人员大会选举3至5人组成，主席团担任审判工作，主席团指定主席一人。审判时，经过主席团的许可，旁听群众可以自由发表意见。主席团可以向群众提出处罚意见，以多数群众的意见为标准。处罚标准也限于未发生违法犯罪的行为，譬如劝告、警告、严重警告、最后警告、开除工作、登报宣布错误。对于案情涉及犯法行为，移送当地政府裁判部。被审判者对群众审判会决定不服，可以向上级工农检察部申述，上级工农检察部可以改变群众审判会的决定。

从案件处理的流程看，群众法庭实质上是群众大会，是一种非正式群众性司法机构。在中央工农检察委员会办理互济总会财政部长谢开松涉嫌贪污案时，就组织了群众审判会，对该案进行审理。群众审判会的结论是：建议互济总会将谢开松财务部长撤职，并开除会籍；决议立即将谢开松交法庭严办，并限两星期退赔贪污款。

高自立签发的第五号训令《群众审判大会的手续》，强调召开群众审判大会要做好充分准备。例如，要求在审判之前一日将被审判人的姓名、职别、成分、所犯的错误很通俗地一条一条写成通知通告，连同审判日期、地点发到各机关各群众团体，贴到各村或各屋群众易为见到的地方，号召群众参加审判，从群众口里来发表对被审判人的错误和处罚的意见。审判的会场，"应在易为群众见到的地方，会场要布置得庄严，要张贴标语口号"。审判的方式，"要群众化，绝对不能有喝骂拷打的行为"。

滕代远同志为工农检察委员会委员的委任令

（收藏于中国国家博物馆）

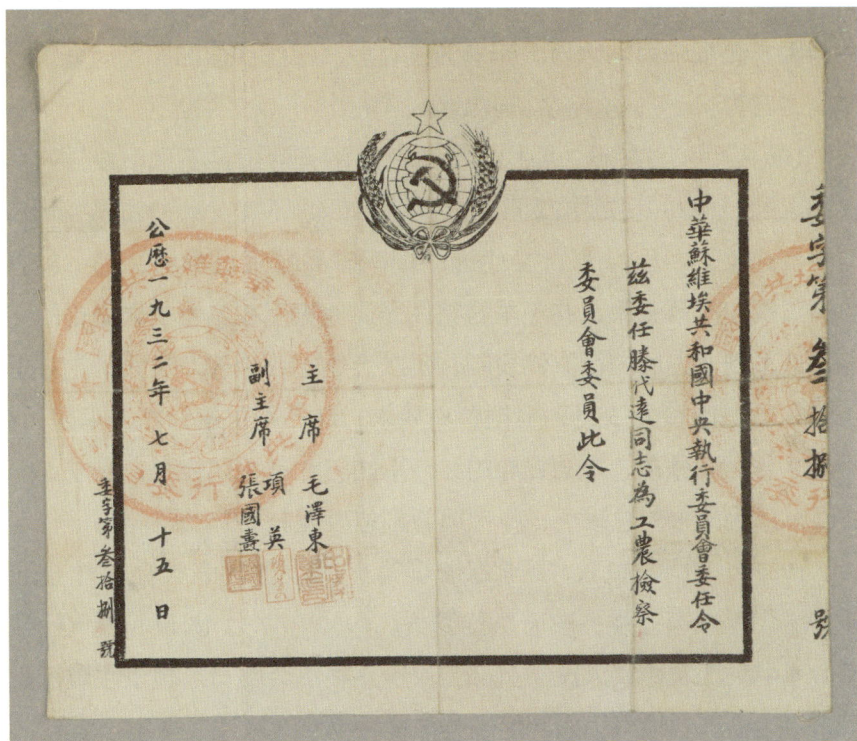

（图片提供：中国国家博物馆）

　　这是 1932 年 7 月 15 日，中华苏维埃共和国中央执行委员会委任滕代远同志为工农检察委员会委员的委任令。委任令的材质为棉麻纤维，采用石印技术，尺寸为 29 厘米 ×24.1 厘米。落款处有毛泽东、项英、张国焘三人的印章。其中，毛泽东的这枚印章在 20 世纪 30 年代初期较为常见，尤其是在签署中央执行委员会发布的各项任命和命令里。委任令左侧圆章的印文为隶书"中华苏维埃共和国中央执行委员会"，该印章藏于中国国家博物馆，银质，直径 10.8 厘米，高 2 厘米。右侧骑缝章为同款。委任令的上方印有中华苏维埃共和国国徽。滕代远同志逝世后，此件文物由其夫人林一同志于 1976 年 1 月 3 日捐赠给中国革命历史博物馆（中国国家博物馆前身）。

滕代远（1904—1974），湖南麻阳人，1925 年参加中国共产党，中国工农红军早期创始人。新中国成立后，曾任铁道部部长、全国政协副主席等职。

1904 年 11 月 2 日，滕代远出生在湖南省麻阳县下玳瑁坡村一个农民家庭。1928 年 7 月 22 日，滕代远和彭德怀等发动和领导了著名的平江起义。7 月 24 日，滕代远以湖南省委特派员身份，宣布成立中国工农红军第五军，并任军的党代表。他着手在各团内建立党的支部，从军到连先后实行党代表制，团以上建立政治部，加强了党对军队的领导。1930 年 5 月，根据中央要求，红五军扩编为红三军团。8 月至 9 月，毛泽东、朱德领导的红一军团与红三军团会合，成立红一方面军，毛泽东为总政委，滕代远为副总政委。

1931 年 11 月 7 日，中华苏维埃第一次全国代表大会在瑞金召开，滕代远被选为中央政府执行委员。1932 年 7 月 15 日，滕代远被任命为中央工农检察人民委员部工农检察委员会委员。他依法履行职责，为推进工农检察工作、促进苏维埃法治和廉政建设做出了贡献。

（文字：黄 黎 朱廷桢）

【延伸阅读】

　　"掌权不能谋私。"滕代远一直这样要求干部，自己也严格实践这一准则。滕代远进城以后，经常有领导和战友来家里做客，有的招待烟茶水果，有的还请吃顿便饭。客人走后，工作人员提出报销招待费，滕代远一听就很不高兴地说："这些同志是来我家做客的，怎么能让公家报销呢？"滕代远夫人林一，先后任中共中央社会部秘书长、华北局社会部办公室主任等职。新中国成立后，铁道部多次提出林一任局级职务的建议，都被滕代远否决。滕代远晚年患病期间，购买的药品和营养品，坚持自己出钱，不到公家那里去报销。滕代远个人生活很俭朴，在战争年代里，他同士兵一样穿着，一样吃住，衣服补了又补。如今还有当时的补丁衣服和布鞋陈列在麻阳"滕代远纪念馆"里，人们见了无不惊叹。

　　滕代远有久翔、久光、久明、久耕、久昕五个儿子。他对孩子们要求非常严格，坚持"干部子弟不能搞特殊"的原则，并定了三条家规：

　　1．"不送子弟学校读书。"二儿子久光，是在抗日战争最艰苦的环境中出生的，而且被寄养在老乡家里。新中国成立以后，滕代远一开始将久光送进了一所干部子弟学校念书。由于久光贪玩，滕代远夫妇把久光又转到一所普通的学校读书。后来，滕代远发现久光的淘气贪玩习性仍然不改，就对夫人说："这孩子在城里读书，整天和干部子弟在一块，容易滋长特殊化的思想。我看，还是让孩子到农村去吧！"林一同意滕代远的意见，决定把久光送到警卫秘书的老家河北唐县山区去锻炼。临走前，滕代远对警卫秘书说："找个庄稼汉当教师。"就这样，久光被送到了河北农村。后来因为上学不方便，滕代远夫妇才决定让孩子带户口到黑龙江省依兰县姥姥家，一边读书一边参加劳动。三年后，滕代远才把久光接回北京。

　　2．"家里人不许坐我的车。"这是滕代远给家里定的一个规矩。1973年秋，小儿子久昕在离北京市区30公里远的地方参加教导队集训。一个星期六的下午，他请假坐了两个小时的公共汽车回到家，见到父母他总

滕代远同志为工农检察委员会委员的委任令

有说不完的话，一晃就到了星期天下午。这时，他想到自己必须在当天晚饭点名之前归队，否则就违犯了军纪。于是，他立即找到父亲的秘书，讲了自己的困难和想法。秘书请司机李师傅开车送他归队，这件事被滕代远知道了。他专门给身边工作人员开了一次会，严厉地批评说："车子是公家给我用的，非特殊情况，一般私事不得使用。就是特殊情况用了车，也要按规定交汽油费，哪有让小孩子随便坐车，这样搞怎么行啊？"后来，久昕回家，滕代远把他叫到一边，十分严肃地批评说："昕儿，这件事要吸取教训，小事不能小看，一定要从高从严要求自己，要当一名合格的人民解放军。"

3. "不要靠父母，自己闯路子。"滕代远的行政级别是4级，夫人林一是10级，家里并不缺钱，可他从不给儿子们零花钱。上学时，孩子们的学习用品一律要到父母那里去报销，不能留"私房钱"。因家里全是男孩子，所以哥哥的衣服就像接力棒一样传给弟弟们。滕代远从来不吸烟，也很少喝酒，他要求几个孩子不要抽烟。在离职休息的几年里，他还在院子里种了许多树木和蔬菜，几个儿子回家他就带着大家一块锄草、浇水，要求孩子们要"一步步走好自己人生的路"。一次，在部队工作的三儿子久明利用出差的机会回家探亲。当他和父亲谈起部队生活时，滕代远问他："你现在在部队做什么工作？""当参谋。"久明十分得意地回答。他自认为刚分到部队就在机关工作，说明自己进步挺快。哪知滕代远没有为孩子这种"进步"而高兴，相反却批评他："你这个大学生，连兵都没当过，能当好参谋吗？我看你应该先到连队去当兵。"久明回到部队，就给组织打了到连队去的报告。在连队里，久明不以大学生自居，虚心向同志们学习，刻苦锻炼，得到了领导和战士的好评。

独具特色的工农监察委员会

——《鄂豫皖区苏维埃政府工农监察委员会条例》

（收藏于河南省档案馆）

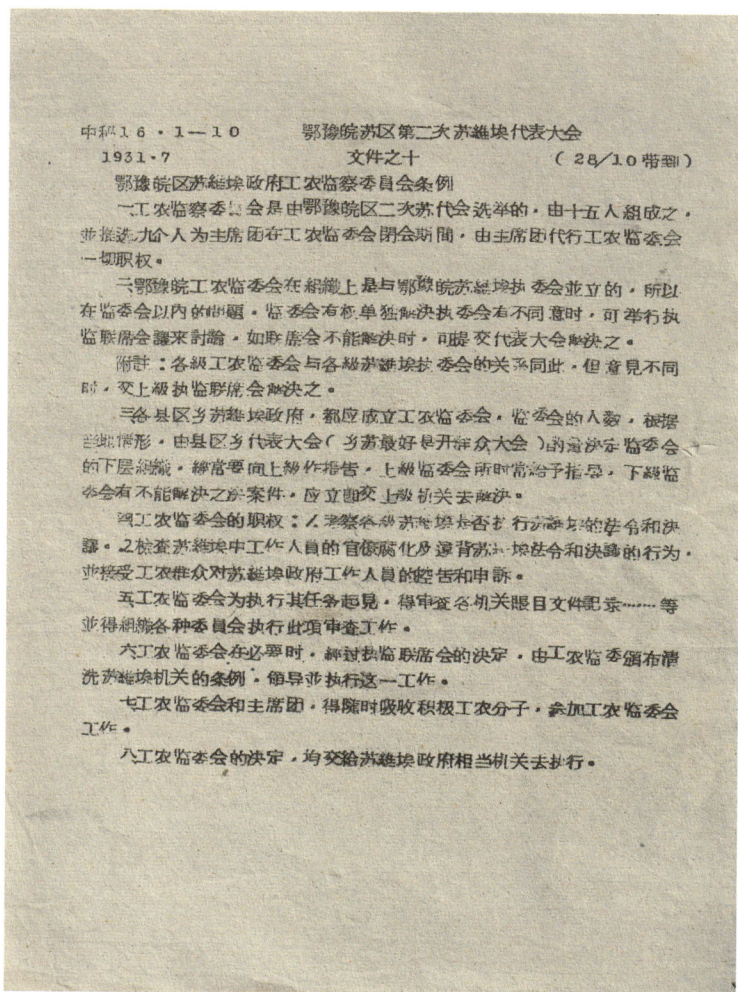

（图片提供：大别山人民检察博物馆）

这是一份收藏于河南省档案馆的史料——《鄂豫皖区苏维埃政府工农监察委员会条例》。1931年5月18日，鄂豫皖中央分局发出《〈中共鄂豫皖中央分局通知第五号——关于建立工农监察委员会〉的通知》，明确工农监察委员会的职责，是"专一来和一切苏维埃机关中的官僚腐化倾向作斗争的，它的权限是揭发这些官僚腐化倾向，公布给工农大众知道，同时拟定惩戒办法，交政府采取执行。它是由工农群众在群众大会上选举出来的委员会，凡在苏区的有公民资格的，都有选举权与被选举权"。同年7月1日至7日，鄂豫皖苏区第二次苏维埃代表大会在新集（今河南新县县城）召开。大会选举产生了工农监察委员会，颁布了《鄂豫皖区苏维埃政府工农监察委员会条例》（以下简称《条例》）。工农监察委员会由15人组成，其中推选9人为主席团，蔡申熙任主席。

《条例》规定了工农监察委员会的职权：考察各级苏维埃是否执行苏维埃的法令和决议，检查苏维埃中工作人员的官僚腐化及违背苏维埃法令和决议的行为，并接受工农群众对苏维埃政府工作人员的控告和申诉。工农监察委员会在执行任务时，有权审查各机关账目文件记录等，可组织各种委员会执行审查工作。在组织体制上，工农监察委员会与鄂豫皖苏维埃执行委员会并立。

《条例》为鄂豫皖区苏维埃政府工农监察委员会依法履职提供了法律依据。

（文字：熊 奎　夏 玲）

【延伸阅读】

土地革命战争时期建立的以大别山为中心的鄂豫皖苏区，是仅次于中央苏区的全国第二大苏区。鄂豫皖苏区面对严峻的革命形势，非常注重加强勤政廉政建设，率先建立了工农监察委员会。

《〈中共鄂豫皖中央分局通知第五号——关于建立工农监察委员会〉的通知》规定，"工农监察委员会每乡为三人，每区为五至七人，每县为十一至十三人。鄂豫皖苏区设立工农监察院，领导整个工农监察委员会工作，定额为二十至三十人，候补酌量定若干人数"。

从组织体系上看，工农监察委员会是独立机关，与各级苏维埃执委会相并立，与苏维埃政府一同由苏维埃代表大会选出。因此，工农监察委员会行使职权不受政府部门的领导和干涉，对苏维埃代表大会负责。经工农监察委员会查实的问题，均交苏维埃各级机关去执行。如属于反动行为者，交政治保卫局；属于违反苏维埃法令的交革命法庭，需要撤换职务的交苏维埃执委会等。执委会有不同意见时，可举行执监联席会来讨论；如联席会不能解决时，可提交代表大会解决。

从领导体制上看，工农监察委员会的下属组织要向上级报告工作，上级工农监察委员会要给予指导。下级工农监察委员会有不能解决的案件，应立即交给上级机关去解决。

国家公诉处和国家公诉员的法律依据

——《鄂豫皖区苏维埃政府革命法庭的组织与政治保卫局的关系及其区别》

（收藏于湖北省档案馆）

（图片提供：大别山人民检察博物馆）

这是一份收藏于湖北省档案馆的史料——《鄂豫皖区苏维埃政府革命法庭的组织与政治保卫局的关系及其区别》。1930年6月，鄂豫皖革命根据地正式形成后，于1931年7月颁布了《鄂豫皖苏维埃政府临时组织大纲》，规定革命法庭配备委员若干人、主席1人。内设审判委员会，正审1人，副审若干人；国家公诉员；辩护员等。

同年9至10月，先后又制定了《鄂豫皖区苏维埃政府革命军事法庭暂行条例》《鄂豫皖区苏维埃政府政治保卫局工作条例》《鄂豫皖区苏维埃政府革命法庭的组织与政治保卫局的关系及其区别》等法律法规。鄂豫皖革命根据地的司法制度在建立司法机关、制定法律法规、理顺办案规程的基础上基本形成。其主要内容包括：分工与协作制度、审判权与审级制度、公开审判制度、审判合议制度、国家公诉制度、辩护制度、申诉制度、判决时限制度。

根据《鄂豫皖区苏维埃政府革命法庭的组织与政治保卫局的关系及其区别》，革命法庭内设国家公诉处，国家公诉处有国家公诉员若干人。国家公诉处的职责是"要研究（对）破坏苏维埃政权法令之案件提起公诉。当法庭审问被告人的时候，国家公诉员要来证明案犯之罪恶"。

鄂豫皖区苏维埃政府革命法庭中设立的国家公诉处和国家公诉员，是人民检察历史上最早出现的专门检察机构和专职检察人员。

（文字：熊奎　夏玲）

【延伸阅读】

公诉是检察机关核心的、标志性的职能之一。鄂豫皖区苏维埃政府革命法庭中设立国家公诉处和国家公诉员，标志着在工农民主政权中有了专门代表革命政权追诉犯罪的机构和专职人员。

国家公诉处的职责是"要研究（对）破坏苏维埃政权法令之案件提起公诉。当法庭审问被告人的时候，国家公诉员要来证明案犯之罪恶"。这蕴含了审查起诉、提起公诉和出庭支持公诉各项职责。

"研究（对）破坏苏维埃政权法令之案件"蕴含着审查起诉的职责。审查起诉，是指检察机关为了确定经侦查终结的刑事案件是否应当提起公诉，对侦查机关认定的犯罪事实和证据进行全面审查核实，并作出处理决定的一项刑事诉讼活动。革命年代的国家公诉处和国家公诉员在决定对案件提起公诉之前，需要对案件是否构成犯罪、犯什么样的罪进行认真研究，认为案件重大的要求革命法庭主席参加审判，认为是一般案件的只需要审判委员会参加审判即可。这种提起公诉前的案件研究实际上就是审查起诉的职责。《中华人民共和国刑事诉讼法》第一百七十一条规定："人民检察院审查案件的时候，必须查明：（1）犯罪事实、情节是否清楚，证据是否确实、充分，犯罪性质和罪名的认定是否正确；（2）有无遗漏罪行和其他应当追究刑事责任的人；（3）是否属于不应追究刑事责任的；（4）有无附带民事诉讼；（5）侦查活动是否合法。"

"（对）破坏苏维埃政权法令之案件提起公诉"蕴含着提起公诉的职责。提起公诉，是指检察机关对于已经侦查终结的刑事案件，经过审查确认犯罪事实清楚，证据确实、充分，依法应当追究被告人刑事责任时，将犯罪嫌疑人依法提交法院，请求对其进行审判，予以定罪和判处刑罚的一项刑事诉讼活动。《中华人民共和国刑事诉讼法》第一百七十六条规定："人民检察院认为犯罪嫌疑人的犯罪事实已经查清，证据确实、充分，依法应当追究刑事责任的，应当作出起诉决定，按照审判管辖的规定，向人民法院提起公诉，并将案卷材料、证据移送人民法院。"

"当法庭审问被告人的时候，国家公诉员要来证明案犯之罪恶"蕴含着出庭支持公诉的职责。出席法庭支持公诉，是指检察机关在人民法院开庭审判公诉案件时，派员出席法庭，证明指控被告人的犯罪事实，阐述公诉机关的意见以实现公诉主张的活动。《中华人民共和国刑事诉讼法》第一百八十九条规定："人民法院审判公诉案件，人民检察院应当派员出席法庭支持公诉。"

"国家公诉第一人"程玉阶使用过的
煤油灯、桌子、长条凳

（三级文物　收藏于大别山人民检察博物馆）

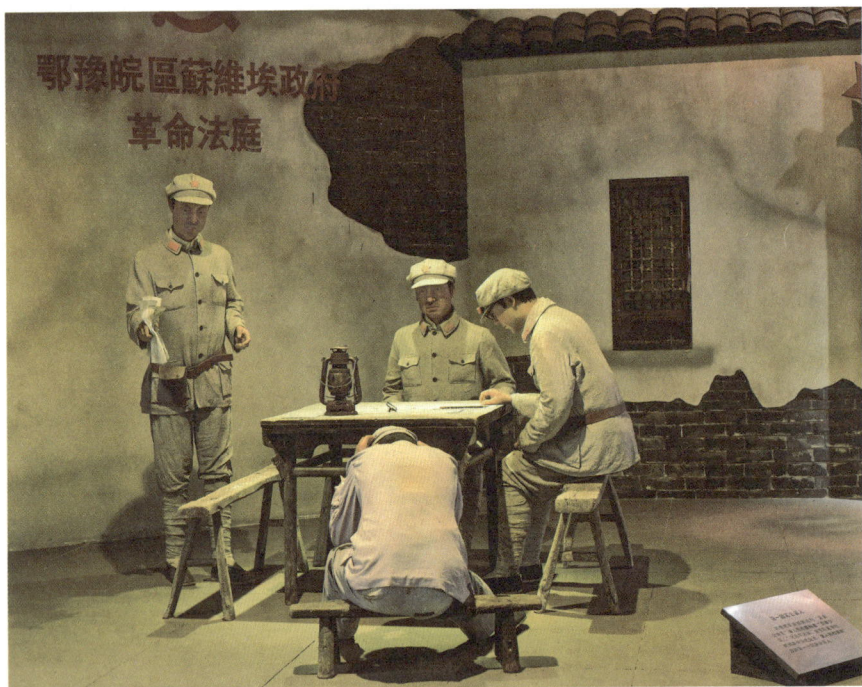

（图片提供：大别山人民检察博物馆）

这是大别山人民检察博物馆展陈中，鄂豫皖区苏维埃政府革命法庭正在审判杨山煤矿经理高振武贪污1000块大洋案的模拟场景。场景中的煤油灯、桌子、长条凳是当时鄂豫皖区苏维埃政府革命法庭国家公诉处处长程玉阶使用过的。

程玉阶（1910—1931），又名程汝阶，生于 1910 年，湖北省麻城县（现湖北省麻城市）乘马岗人。1928 年 4 月参加革命；1928 年 10 月任中共麻城县乘马岗区委书记；1931 年 7 月任鄂豫皖区苏维埃政府革命法庭国家公诉处处长。1931 年冬牺牲，年仅 21 岁。

湖北省档案馆 1958 年 11 月编撰的《麻城革命史料调查第二辑》等史料，有关于程玉阶的生平和 1931 年 7 月任鄂豫皖区苏维埃政府革命法庭国家公诉处处长的明确记载。1988 年 6 月，在鄂豫皖革命根据地战斗过的戴季英在接受采访时回忆：程玉阶是当时鄂豫皖革命根据地国家公诉处的第一任处长。

在现代各国检察制度中，公诉都是检察机关的核心职能。在我国刑事诉讼架构中，公诉作为检察机关的主要职能，既监督制约侦查权，又监督制约审判权，在检察监督体系中具有重要地位。鄂豫皖区苏维埃政府革命法庭中设立的国家公诉处和国家公诉员，是人民检察历史上最早出现的专门检察机构和专职检察人员。程玉阶可谓是"国家公诉第一人"。

（文字：熊 奎　夏 玲）

"国家公诉第一人"程玉阶使用过的煤油灯、桌子、长条凳

【延伸阅读】

程玉阶早年就读乘马岗初等小学。在校长王树声的教育启发下，阅读进步书刊，加入该校马克思列宁主义研究会。他痛恨贪官污吏，同情贫苦百姓，积极参加反帝爱国运动，逐步走上了革命道路。

1931 年 7 月 1 日，鄂豫皖革命根据地召开第二次苏维埃代表大会，大会选举产生了人民委员会，人民委员会下设有革命法庭，在革命法庭中设国家公诉处，履行职责的是国家公诉员。经鄂豫皖红四军十师三十三团团长王树声推荐，程玉阶担任国家公诉处处长。

程玉阶依法履行公诉职能，严厉查处少数革命工作人员贪污、浪费、腐化、放弃职责、徇私舞弊等职务犯罪和形形色色的官僚主义。他出庭支持公诉赤城县（现河南省商城县）杨山煤矿经理高振武贪污案，经革命法庭审判，贪污销售款 1000 块大洋的高振武最终被判处死刑。另外还有两起案件，一件是鄂豫皖区苏维埃政府的一名司务长，利用采购物品和掌管伙食之便贪污大洋 20 块，被判死刑；另一件是红安县黄谷畈红军被服厂的女工方某，经常偷偷将被服及针织品带回家，供自己和家人所用，群众检举揭发后，也被判处死刑。这两起案件也是程玉阶任职时革命法庭国家公诉处办理的。

程玉阶疾恶如仇，执法如山，主持公道，伸张正义，为鄂豫皖苏区司法惩恶治腐和国家公诉制度建设做出了有益探索。2015 年 1 月 20 日，程玉阶的衣冠冢在肖家山村程家湾对面的山岗上落成。在相关部门和社会各界的支持下，"程玉阶同志故居纪念馆"也于 2020 年 4 月 21 日建成开馆。

工农检察工作中贯彻群众路线的生动实践

——江西省兴国县高兴区苏维埃政府工农检察部控告箱

（一级文物　收藏于中国国家博物馆　现展陈于中国共产党历史展览馆）

（图片提供：中国国家博物馆）

这是江西省兴国县高兴区苏维埃政府工农检察部控告箱，国家博物馆馆藏一级文物，现展陈于中国共产党历史展览馆。

《工农检察部的组织条例》规定，"在工农集中的地方，得指定可靠的工农分子代收工农的控告书，并须在工农集中的地方，悬挂控告箱，以便工农投递具名意见书"。为落实这一要求，江西省兴国县高兴区苏维埃政府工农检察部控告局制作了这个控告箱。箱体为木质结构，长16厘米、宽18厘米、高18.5厘米。左侧书有控告原则，右侧书有控告事项范围，顶部书有控告办法，正面书"控告箱"三个大字，下方落款"高兴区苏维埃政府工农检察部控告局制"。

左侧的文字是："控告人向控告局投递的控告书，必须署本人的真姓名，而且要写明控告人的住址，同时要将被告人的事实叙述清楚，无名的控告书一概不处理。倘发现挟嫌控告事，一经查出，即递交法庭受苏维埃法律的严厉制裁。"

右侧的文字是："苏维埃政府机关和经济机关有违反苏维埃政纲政策及目前任务、离开工农利益、发生贪污浪费、官僚腐化或消极怠工现象，苏维埃的公民无论任何人都有权向控告局控告。"

箱顶盖的文字是："各位工农群众们：还是一切的什么事情都可以来这里控告。所写的控告意见书必须要盖好私章才能作效力，没有盖章的概作废纸。而且还要用信套密封好，并且要注明送某机关工农检察部控告局长接收。完了。"

这件控告箱使用了近三年，一直到红军离开苏区。1951年8月6日，中央人民政府派出以内务部部长谢觉哉为团长的中央人民政府南方老革命根据地访问团，到江西慰问老区人民。当地群众把保管的控告箱捐献出来，控告箱随中央南方老革命根据地访问团到了北京。

群众路线是我们党的优良传统和政治优势。1929年12月，毛泽东同志在古田会议决议中指出，党的工作要"在党的讨论和决议之后，再经过群众路线去执行"。工农检察部控告局设置控告箱，以及控告箱上所书写的通俗易懂的文字，是群众路线在苏区检察工作中得到充分贯彻的生动实践。

（文字：闵 钐　周方园）

工农检察部控告局的组织纲要

一、各级工农检察部或科之下得设立控告局。

二、各级控告局直属各级工农检察部或科，受其指导和接（节）制，没有上下级的隶属关系。

三、控告局设局长一人，调查员若干人。

（附注）：调查员看各级控告局工作需要来决定。

四、在工农集中的地方，控告局可设立控告箱，以便工农投递控告书，还可以指定不脱离生产的可靠工农分子，代替控告局接收各种控告。

五、控告局为调查所控告的材料，按照控告局所发给的证书，调查员方能到各工厂、作坊、机关去调查，但是不能妨碍该工厂作坊及机关工作之进行。

六、控告局日常的工作是接受工农、劳苦群众对苏维埃机关或国家经济机关的控告及调查控告的事实，但是控告局只接收控告某机关或某机关的工作人员的控告书，不接收私人争执的控告书。

七、如遇所控告者为紧急事件，控告局可以直接通知某机关或某机关的某一部，进行该事项的检查，但事后必须报告工农检察部。

八、控告局调查完毕的事件，须将材料汇集报告工农检察部，以决定执行的办法。

九、苏维埃的政府机关和经济机关有违反苏维埃政纲、政策及目前任务，离开工农利益，发生贪污浪费、官僚腐化或消极怠工的现象，苏维埃公民无论何人都有权向控告局控告。

十、人民向控告局控告，可用控告书投入控告箱内或由邮寄都可，不识字的可以到控告局用口头控告，有电话的地方也可用电话报告控告局。

十一、控告人向控告局投递的控告书，必须署本人的真姓名，而且要写明控告人的住址，同时要将被告人的事实叙述清楚，无名的控告书一概不受理。倘发现挟嫌造谣、借端诬控等事，一经查出，即送交法庭受苏维埃法律的严厉制裁。

工农检察人民委员　何叔衡

公历一九三二年八月十三日

工农检察工作中贯彻群众路线的生动实践

县、区苏维埃政府工农检察部控告局印发的《控告条例》

（收藏于中国国家博物馆）

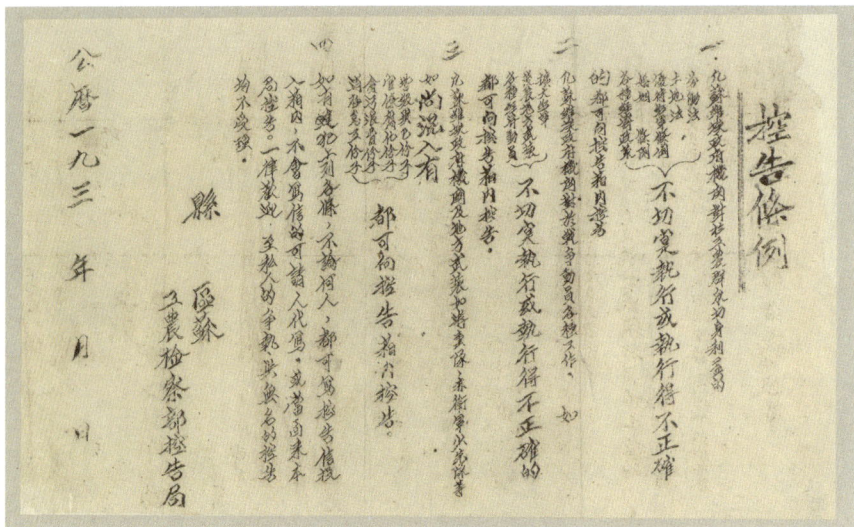

（图片提供：中国国家博物馆）

这是县、区苏维埃政府工农检察部控告局印发的《控告条例》，尺寸为 37 厘米 ×31.7 厘米，收藏于中国国家博物馆。

《工农检察部的组织条例》规定，工农检察部之下须设立控告局。《工农检察部控告局的组织纲要》进一步明确：控告局的日常工作是接受工农、劳苦群众对苏维埃机关或国家经济机关的控告及调查控告事实，但是控告局只接收控告某机关或某机关的工作人员的控告书，不接收私人争执的控告书。

《控告条例》共4条，前三条是关于受理控告的范围，第四条是关于控告的方式。其文字与兴国县高兴区苏维埃政府工农检察部控告局控告箱上直白通俗的文字相比，采用了列举方式，关于受理控告范围的表述更为明晰。

第一条规定，对苏维埃政府机关在涉及工农群众切身利益的劳动法、土地法、优待红军条例、各种经济政策等方面不切实执行或执行得不正确的都可向控告箱内控告。

第二条规定，对苏维埃政府机关在战争动员各种工作，如扩大红军、发展地方武装、各种经济动员等方面不切实执行或执行得不正确的都可向控告箱内控告。

第三条规定，对苏维埃政府机关及地方武装如游击队、赤卫军、少先队等，如混入有阶级异己分子、官僚腐化分子、贪污浪费分子、消极怠工分子等都可向控告箱内控告。

以上三条，第一条是对苏维埃有关法律法令执行情况的监督；第二条是对苏维埃政府中心工作、重大政策执行情况的监督；第三条是对苏维埃机关和地方武装中有关人员的监督。

这份《控告条例》没有填写具体县、区和日期，结合其尺寸和文字表述看，似应为空白制式文告，是一份张贴在工农检察部控告局办公场所或控告箱旁边的"控告须知"。

（文字：闵 钐　朱廷桢）

县、区苏维埃政府工农检察部控告局印发的《控告条例》

【延伸阅读】

　　控告局是苏区工农检察机关为接受工农劳苦群众对苏维埃政府机关和经济机关的控告，并调查控告的事实所设立的机构。凡苏维埃政府机关和经济机关违反苏维埃政纲政策及目前中心任务，以及各级机关工作人员发生贪污浪费、官僚腐化，或消极怠工现象，任何苏维埃公民都有权向控告局控告。

　　《工农检察部的组织条例》和《工农检察部控告局的组织纲要》规定：各级工农检察部或科之下，得设立控告局。各级控告局直属于各该级工农检察部或科，并受其指导或节制，控告局之间没有上下级隶属关系。控告局设局长一人，中华苏维埃共和国临时中央政府控告局第一任局长是凌振洵（江西省兴国县人），调查员人数根据各局的工作来决定。

　　控告局的主要任务是："接受工农劳苦群众对苏维埃机关，或国家经济机关的控告，及调查控告的事实。"调查结束后，控告局必须将调查材料汇集报告工农检察部，以便决定处理办法。控告局为了便于收集广大群众的意见，还在人口较为集中的地方，张贴布告，悬挂控告箱，以方便工农群众投递控告书。

工农检察工作的两个法律文件

——《工农检察部控告局的组织纲要》与《突击队的组织和工作》

（收藏于中国国家博物馆）

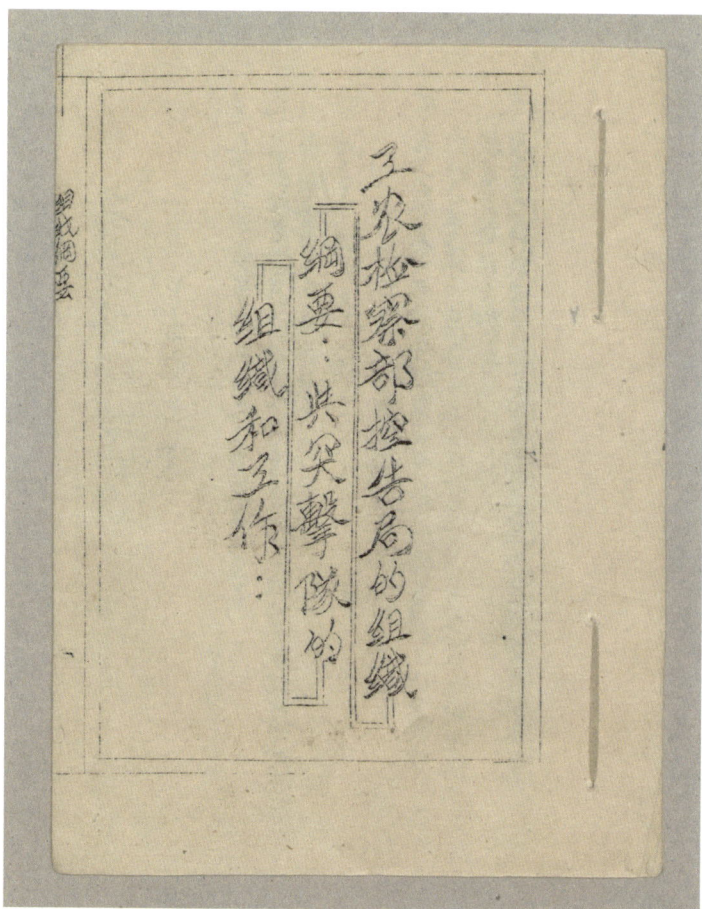

（图片提供：中国国家博物馆）

这是工农检察工作的两个法律文件——《工农检察部控告局的组织纲要》《突击队的组织和工作》的合辑，收藏于中国国家博物馆。

《工农检察部的组织条例》（以下简称《条例》）第十条规定："工农检察部之下须设立控告局，以接受工农对于政府机关或国家企业的缺点和错误的控告事件，在工农集中的地方，得指定可靠的工农分子代收工农的控告书，并须在工农集中的地方，悬挂控告箱，以便工农投递具名意见书。"《条例》第十一条规定："组织突击队，以突然的去检察某项国家机关或企业的工作，在这种检察之中，很容易揭破官僚主义腐化分子的事实。"这为工农检察机关开展控告和突击队相关工作提供了法律依据。

《工农检察部控告局的组织纲要》（以下简称《纲要》）共11条，规定了控告局的领导体制、人员配备、控告箱设置、调查方式、控告范围、控告方式等内容。为便于苏区群众提出控告，《纲要》规定："人民向控告局控告，可用控告书投入控告箱内或由邮寄都可，不识字的可以到控告局用口头控告，有电话的地方也可用电话报告控告局。"《突击队的组织和工作》共12条，规定了突击队的人员资格、人员配备、隶属关系、工作方式、组织实施、突击范围、工作纪律、证据规范等内容。有的规定非常具体，便于实际操作。例如，规定工作方式有两种：一种是"公开的突然去检查"；另一种是"扮作普通工农群众到某机关去请求解决某种问题……以测验该机关的工作现状"。

这两份法律文件都是1932年9月通过的，也是自1931年11月中央工农检察人民委员部成立、《工农检察部的组织条例》制定后，工农检察工作在制度建设方面取得的新进展。

（文字：闵 钐）

【延伸阅读】

为了使人民群众有效地行使民主监督权利，工农检察机关采取了各种方式，尽量吸收广大工农群众来检查各机关的工作情况和干部作风。建立突击队是一种非常有效的形式。

1932年9月6日，中央工农检察人民委员部颁布的《突击队的组织和工作》规定：中央和地方各级检察机关在进行反腐败廉政工作时，可以组织突击队去检查某国家机关或企业的工作。突击队是人民在工农检察部指导之下，监督政权的一种组织，凡有选举权的人都可加入突击队。中央和地方各级检察机关都可以组织突击队，但每一支突击队只隶属于当地工农检察部，受他们的直接指导，突击队之间没有上下级关系。

突击队的任务是监督和检查苏维埃机关和国家企业对政纲政策执行得是否正确、工作计划是否完成、参战程度如何、是否有官僚腐化、贪污受贿等腐败现象。按照规定，突击队组织隶属于当地的工农检察机关，受其直接指导，凡有选举权的人都可以加入。每队人数至少5人，设队长1人。突击队员不脱离生产，执行任务是在空暇的时间或休息日进行，人员构成也不固定，每次突击行动可以根据实际需要改换队员。

突击队的工作方式有两种：一是公开地突然检查苏维埃机关，或国家企业和合作社，以揭发该机关或企业等的贪污浪费及一切官僚腐化现象；二是扮作普通工农群众到某机关去请求解决某种问题，看该机关的办事人员对工农的态度、办事的疾缓，以测验该机关的工作现状。突击队员每次工作时均应征得所属检察机关的同意，突击检查某机关的材料应当着该机关负责人的面写成记录并签上字，再向工农检察机关作详细的汇报。

工农检察部开展工作的制度规范

——《各种检查委员会的组织和工作》

（收藏于中国国家博物馆）

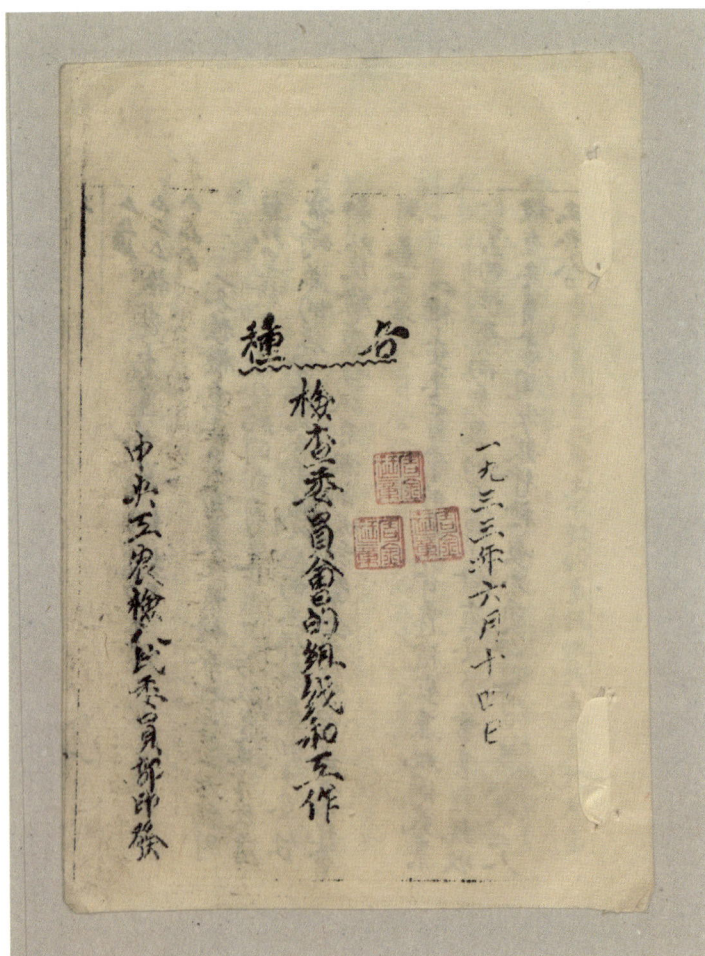

（图片提供：中国国家博物馆）

这是 1933 年 6 月 14 日中央工农检察人民委员部印发的《各种检查委员会的组织和工作》(以下简称《组织和工作》),尺寸为 12.8 厘米 ×18 厘米,收藏于中国国家博物馆。

根据《工农检察部的组织条例》第六条规定:"有计划的检察国家的各机关及经济事业,检察各机关及经济事业的时候,看他的性质可组织各种专门检察委员会(如土地分配检察委员会、租税问题检察委员会等)检察之,其人数由三人至五人。"为加强检查委员会的组织和工作,中央工农检察人民委员部制定了这份文件。

《组织和工作》共 11 条,分别规定了机构任务、组织名称、领导体制、人员组成、调查手段、配合义务、材料要求、情况反馈、提出异议、公布材料以及组织解散等内容。例如,关于人员组成,检查委员会是"由当地工农检察部委任,被检查的机关或企业中的工人和职员的积极分子及专门人才组织之,并由工农检察部指定一人为主任"。关于调查手段,检查委员会"除检阅该机关或企业的各种文件、工作计划及群众控告与负责人谈话外,还要与该机关或企业的工农通讯员、墙报委员会全体工作人员及附近群众团体发生密切的关系,并须详细听该机关或企业的工人和职员的谈话"。关于配合义务,"被检查的机关或企业的负责人对于检查委员会关于工作上的讯问必须详细答复,不得拒绝"。关于公布材料,"检查委员会应将检查的材料在当地各种报纸上发表"。

《组织和工作》为各级工农检察部依法依规组织检查提供了制度规范。

(文字:闵 钐 朱廷桢)

工农检察部开展工作的制度规范

组织各种专门检查委员会开展检查工作，是工农检察机关的一种工作方式。专门检查委员会是临时的组织，除由该级工农检察部指定一位委员去主持外，其余委员均吸收不脱离生产的各机关和群众团体中的人员担任，这种临时组织的委员会，工作完毕即行解散。

工农检察部要把检查结果公布于众。一方面向被检查的部门报告检查情况；另一方面在报刊上公布检查结果，以期引起各方面的广泛注意。如《红色中华》《青年实话》和《斗争》等报纸杂志就辟有"铁锤""铁棍""突击队""轻骑队""警钟"等专栏，经常详尽报道检查的经过、结果和处理意见，以及上级的处理决定和司法机关的判决等。

《红色中华》第十六期揭露了江西石城县革委会主席迁居时大收彩礼；第一百三十二期批评了中央政府总务处预算筑一个戏台要花180元的浪费行为；第一百三十四期批评了江西省瑞金县苏维埃某些干部专吃一家菜馆的大吃大喝行为等。对一些大案要案，如1934年初的"于都事件""左祥云事件"等，更是进行了连续的追踪报道，充分发挥了舆论监督的作用。

工农检察部对于检查发现的问题有责任分别情况认真处理：属于工作方法上的问题，可直接向该部门提出改进建议，如其不采纳，则提请执行委员会下命令执行；属于工作人员违反纪律的问题，建议执行委员会给予纪律处分；属于触犯刑律构成犯罪的案件，须将其移送司法机关处理。

在检查时发现各机关内的官僚腐败分子，必要时可组织群众法庭，审理不涉及犯法行为的案件。群众法庭有判决开除工作人员、登报宣布其官僚腐败罪状等职权，但涉及刑事案件，则要由苏维埃法庭审理处罚。群众法庭是依靠群众反腐败、进行廉政建设的特殊群众组织。1933年5月，中央工农检察人民委员部颁布的《同志审判会临时规则》规定，如果出现某单位有官僚腐败分子时，可由工农检察部出面，召集当地机关、群众团体和居民，选举出审判委员会，组成反腐败群众法庭。到会的群众都有发言权及表决权，被审判人也可以自己解释或请人辩护。反腐败群众法庭在审判时，先由工农检察部的代表报告被审判人所犯腐败罪行的事实，经审判后由该代表提出处罚意见，由多数群众决定。

九十年前省工农检察部是如何部署工作的

——《湘赣省苏工农检察部一个月零十天工作计划》

（收藏于中国国家博物馆）

（图片提供：中国国家博物馆）

这是 1934 年 1 月 17 日印发的《湘赣省苏工农检察部一个月零十天工作计划》（以下简称《工作计划》），共 7 页，收藏于中国国家博物馆。

1931 年 10 月下旬，湘赣省第一次工农兵代表大会在江西省莲花县花塘召开，选举产生了湘赣省苏维埃政府执行委员会，湘赣省苏维埃政府成立，机关驻永新县城。省政府内设军事、土地、经济、财政、裁判肃反、内务、交通、粮食、文化、社会保险、工农检察等部和妇女生活改善委员会。1934 年 1 月，湘赣省苏维埃政府工农检察部为进一步贯彻落实中央工农检察人民委员部的训令，督促和推动战争动员、经济建设、查田运动、工人斗争等工作，制订了这份《工作计划》。《工作计划》从省和县、区两个层面分别作出了工作部署。

从省一级来说，《工作计划》对干部培训、重点地方工作指导、巡视等作出安排。例如，要"从各先进县、区中于二月调齐六十二名积极斗争的工农分子到省苏受训练，造成省工农检察部一支有力的突击队与充实各县、区工农检察部的干部，并有计划的召集全省、各县、区管理控告局、突击队、通讯员集中训练一次"。为将永新县与城市打造为模范，要"按照中央规定人数以九人至十一人健全委员会组织"，"要将附近的控告箱的控告意义与手续充分的宣传，使群众有深刻了解"。

从县、区两级来说，《工作计划》对健全组织、普遍开展检举、建立通讯员、设置控告箱、工作报告制度等作出安排。例如，要求"县以九人至十一人，区以五人至七人，普遍组织检察委员会"。围绕中心任务，要"进行普遍的检举运动，开展反官僚主义的斗争，洗刷暗藏在苏维埃政权中的阶级异己分子，以及一切不能纠正的机会主义、动摇、消极怠工、官僚主义、腐化贪污等分子出去"，"县除普遍建立各机关的通讯员外，还须在县、区、乡建立直属的通讯员"，"控告箱要在村子、街道中普遍建立起来，并要在各种群众会议上解释控告意义和手续，使群众都能了解"。《工作计划》还要求建立"按月的工作报告制度"和按月须送"检举月终统计表""控告局月终工作报告表"。

从这份《工作计划》可以看到省级工农检察部部署指导工作方面的情况，是了解工农检察机关实际运作的一份珍贵史料。

（文字：闵 钐　周方园）

湘赣省苏工农检察部一个月零十天工作计划

（一九三四年一月十七日）

本部为了切实执行中央第一、五、六、七四号训令（均是高部长手里的）与中央及地方各级检察部六个月工作计划，在查田运动初步总结大会后，即召集各县、区部长联席会议详细讨论工农检察部目前的中心工作，并开展反官僚主义斗争，特别是苏维埃工作的中心任务在战争动员、经济建设、查田运动、工人斗争等几个中心工作上应有经常督促与推动，使其正确地迅速地有步骤地实现起来。为了达到这个目的，各级工农检察部必须具有艰苦耐劳与英勇突击精神，彻底肃清苏维埃工作人员中的官僚主义、怠工、动摇、消极等工作方式及破坏各种法令的分子，作无情的斗争，并给以严厉打击。为坚决保证这些任务的迅速完成而斗争，特定出一月廿号至二月底止一个月零十天的工作计划：

甲、省一级

（一）为着要获得以上几个工作的很大成绩与积极提拔和培养新的干部，决定从各先进县、区中于二月调齐六十二名积极斗争的工农分子到省苏受训练，造成省工农检察部一支有力的突击队与充实各县、区工农检察部的干部，并有计划的召集全省、各县、区管理控告局、突击队、通讯员集中训练一次。

（二）为了造成永新县与城市为模范地，必须在此期间内有计划地派人去领导两处的工作，进行下面几点：

1.部长不兼职，按照中央规定人数以九人至十一人健全委员会组织，能以按照会、计划工作和布置在查田运动中的普遍检举。

2.除领导全省县、区部长联席会议规定开办训练班外，还应训练两处的工作人员与召集直属通讯员训练一次，并要将附近的控告箱的控告意义与手续充分的宣传，使群众有深刻了解。

3.在这期间内，除填就两个月的月终检举统计表和月终控告表外，并须将上面的工作进行程度与去年二次全省县、区部长联席会决议案实现的情形，按月报告。

（三）一、二月间，由省派人到达莲花北路、宁冈、萍乡等县巡视工作一次，巡视任务：

1.健全这几县、区的组织与工作。

2.考查在查田运动中当地工农检察部的成绩。

3.督促和帮助布置今后工作计划。

4.检察委员会在这期内须开二次会，一月中一次讨论委员会的组织与开办训练班期间和计划训练各县、区的管理通讯员及突击队、控告箱等，在二月间须有一次关于训练班各项课程的讨论。

5.二月初应收集各地在查田运动中所得的工作经验作成报告总结，必须详细给各地一个指示。

6.二月底（或三月初），再召集县、区部长联席会议，检阅上述工作情形与讨论今后的工作计划。

乙、县、区两级

（一）健全本身组织，县以九人至十一人，区以五人至七人，普遍组织检察委员会，已有组织的要能按期开会计划工作，没有组织的迅速组织起来。区、乡的检举委员会亦要普遍组织起来，并要健全其工作。

（二）完成二次部长联席会议决案中所规定，各县以县为单位开办短期训练班工作。

（三）抓紧战争动员、查田运动、经济建设、实现劳动法等几个中心任务，进行普遍的检举运动，开展反官僚主义的斗争，洗刷暗藏在苏维埃政权中的阶级异己分子，以及一切不能纠正的机会主义、动摇、消极怠工、官僚主义、腐化贪污等分子出去。吸收大批积极斗争的工农分子到苏维埃机关来工作，加强苏维埃对日益开展的革命战争领导。

（四）切实执行检查与推动苏维埃机关的整个工作，扩大红军工作与迅速实现优待红军条例，及一切参战工作、经济动员和经济建设、查田运动等。

（五）区在这时期间内，普遍完成在村子、街道、工厂、学校、各群众团体中建立通讯员与健全已建立的通讯员工作，并建立乡的通讯处处长与召集全区通讯员开会检阅和教育工作一次。县除普遍建立各机关的通讯员外，还须在县、区、乡建立直属的通讯员。

（六）突击队要有计划地按照组织与工作纲要，训练其突击办法与突击方向。

（七）控告箱要在村子、街道中普遍建立起来，并要在各种群众会议上解释控告意义和手续，使群众都能了解。

（八）建立按月的工作报告制度（一月应把去年十二月份对执行二次部长联席会议决案的执行程度送省来）和按月颁送检举月终统计表、控告局月终工作报告表，二月底按照工作计划执行的情形，报告到省检察部来。

一份体现工农检察本色的文件

——《关于帮助与参加工农检察工作的决议》

（收藏于中共福建省委党校福建行政学院图书馆）

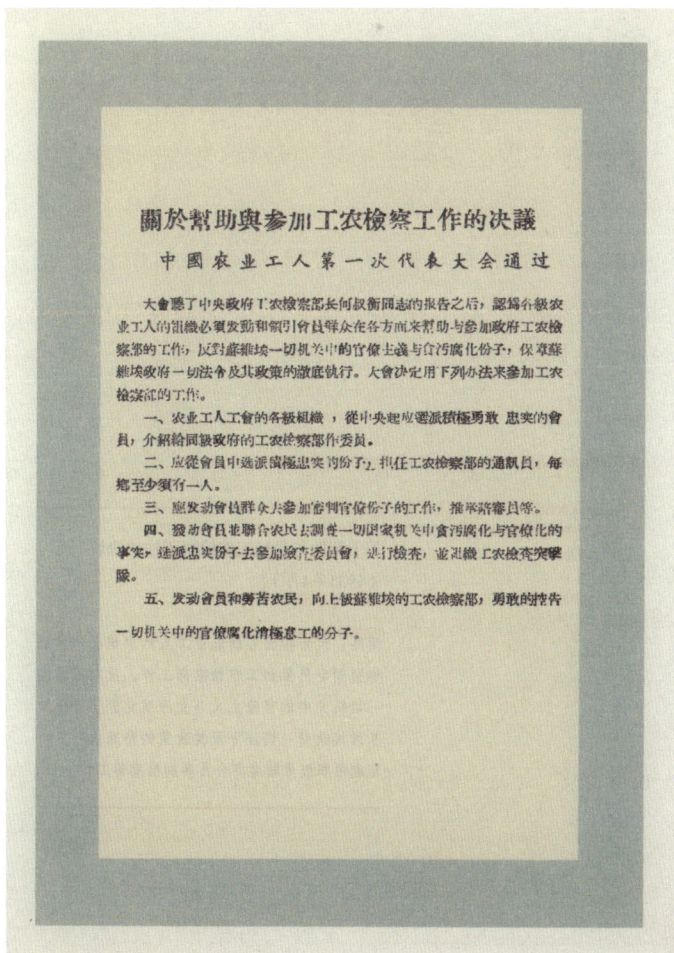

（图片提供：中共福建省委党校福建行政学院图书馆）

这是 1933 年 4 月中国农业工人第一次代表大会通过的《关于帮助与参加工农检察工作的决议》。1933 年 1 月，中华全国总工会改名为中华全国总工会苏区中央执行局（以下简称全总苏区中央执行局），刘少奇任委员长，陈云任副委员长兼党团书记。1933 年 4 月 1 日至 7 日，全总苏区中央执行局领导召开的中国农业工人第一次代表大会在瑞金举行。刘少奇在会上作《目前的政治形势与中国农业工人的任务》的报告。毛泽东代表中华苏维埃共和国临时中央政府到会指导，并对农业工会提出若干具体要求。在这次大会上，中央工农检察人民委员部人民委员何叔衡作了关于工农检察工作的报告。

大会认为，各级农业工人的组织必须发动和领引会员群众在各方面来帮助与参加政府工农检察部的工作，反对苏维埃一切机关中的官僚主义与贪污腐化分子，保障苏维埃政府一切法令及其政策的彻底执行。

大会通过《关于帮助与参加工农检察工作的决议》，提出：农业工人工会的各级组织，从中央起应选派积极勇敢忠实的会员，介绍给同级政府的工农检察部作委员；应从会员中选派积极忠实的份子，担任工农检察部的通讯员，每乡至少须有一人；应发动会员群众去参加审判官僚份子的工作，推举陪审员等；发动会员并联合农民去调查一切国家机关中贪污腐化与官僚化的事实，选派忠实分子去参加检查委员会，进行检查，并组织工农检查突击队；发动会员和劳苦农民，向上级苏维埃的工农检察部，勇敢地控告一切机关中的官僚腐化消极怠工的分子。

从这份决议可以看到，全总苏区中央执行局对工农检察工作高度重视，从推荐会员任工农检察部委员，选派工农检察通讯员、发动会员参加群众审判、参与调查和选派会员参加检查委员会（一种临时性组织），发动会员控告等方面提出了帮助与参与工农检察工作的具体办法。这为苏区工农检察工作赋予了极为鲜明的工农本色。

（文字：闵 钞　周方园）

苏维埃工作的改善与工农检察委员会

　　没有问题的，在我们苏维埃机关中（甚至在党内与工会内）还存在着官僚主义。这种官僚主义的来源，是由于我们经济的落后，小资产阶级的无组织性与散漫，一般民众生活的贫困与文化程度的低落。同时在我们的国家机关还隐藏着一些阶级异己分子，他们是反对苏维埃的。

　　由于苏维埃机关中官僚主义的存在以及一些隐藏在苏维埃机关中的阶级异己分子的捣乱，我们苏维埃的正确的阶级政策常常不能执行或者为他们所曲解，以致引起群众对于苏维埃的不满或群众与苏维埃的对立或苏维埃脱离群众。

　　同这种现象做斗争，是我们苏维埃机关中工农检察委员会的特殊任务。我们工农检察委员会的工作是在经常检查各级苏维埃政府对于苏维埃政策与指示的是否执行与执行的是否正确。在这种检查中坚决开展反对官僚主义的斗争，洗刷阶级异己分子来改善苏维埃机关的工作，使苏维埃能够迅速地正确地执行党的指示，使苏维埃与群众的关系更进一步的密切起来，吸收更广大的群众参加苏维埃国家的管理，以粉碎敌人的五次"围剿"！

　　譬如扩大红军现在是目前苏维埃政权前面的一个中心工作。但是有些苏维埃政府完全没有执行这一任务或者在执行的时候发生强迫命令的现象，以致使群众登山或者逃到白区，或者由于优待红军家属工作的不注意，扩大的红军发生大批开小差的现象，我们工农检察委员就应该立刻注意这一问题，检查这一工作。对于查田运动、推销公债等等都是这样。

　　在苏维埃政权前面的一切战斗任务，也就是我们工农检察委员会的任务，不过我们工农检察委员会是在用检查这些任务的执行的特殊工作方式，来帮助这些任务迅速地与正确地实现。反对官僚主义、洗刷阶级异己分子的斗争，不但不能同苏维埃政权目前的战斗任务分离，而且正是为了要迅速地与正确地执行这些任务。

检查我们各级工农检察委员会的工作，我们可以说我们实际对于自己的任务还没有清楚的了解。工农检察部过去在何叔衡同志领导之下，不但没有发挥它的战斗作用，而且把它自己也变成了一个官僚主义的机关。自何叔衡同志的领导撤销之后到现在，虽是这里那里做了一些工作，这里那里得到了一些成绩，但是工农检察委员会的作用一般地说来还是没有发挥起来。委员会本身的工作并未建立，委员会并没有在群众中建立它的威信，许多工农检察员都是兼职的或者做着一些调查的工作，或者是做一些临时的动员工作，许多地方所发生的严重现象，工农检察委员会的同志并未严重提出来进行有力的斗争。我们现在所发现的所了解的许多问题都并未经过工农检察委员会的提出，这种情形我们认为不能再一刻的继续存在下去。

要彻底转变工农检察委员会的工作，我认为：首先必须使工农检察委员会成为报警的机关。它必须以极高的阶级警觉性，去检查我们的苏维埃机关的工作。每一个不良的现象……都必须立刻引起我们工农检察委员的极大注意，敲起警钟来。这种现象只要我们稍微注意，那真是到处都是，只有不可救药的官僚主义者或者不知道工农检察委员应该做些什么的同志，才会对于他们周围这许多事件熟视无睹。

为得要使工农检察委员会能够很迅速地把下面所发生的各种情形反映到上面来，工农检察委员会必须同群众有最密切的关系。在每个乡、每个村、每个屋子、每个机关、每个企业中都应该有它的工农通讯员，这些工农通讯员把他们本乡、本村、本屋子、本机关、本企业中所发生的事件告诉中央的、省县的、区的以至乡的工农检察员。工农检察员就很迅速地来处理这些大大小小的事件，使每一事件能够得到正确的解决。在这里，群众的控告箱也是为了要达到同样的目的。此外从报纸的通讯员、从轻骑队员那里，都可以得到很多宝贵的材料。

第二，工农检察委员会必须是自我批评的组织者与群众的教育者，一个不良事件发生之后，工农检察委员会应该立刻检查产生这一事件的原因，揭发我们在自己工作中所犯的严重的机会主义或官僚主义的错误，使每一个工农分子了解这种错误的不能继续，起来同这种错误做斗争。

这里，我们必须坚决反对把一个事件关在工农检察委员会的房间内秘密的审查或填表，像过去在检举运动中所做的那样，而是要最公开的吸收广大群众来参加这一检查的工作，组织临时的有群众团体代表参加的委员会来担负这一任务。工农检察委员会就要在这里起他的领导作用。它不但要把检查的结果在群众大会上做报告，而且要使群众参加每一检查的整个过程，以此来教育群众。

布尔什维克的自我批评是转变我们苏维埃机关的工作的有力的武器，这一武器，我们还没有很好的拿来利用。什么地方发生官僚主义、贪污腐化的现象，我们简单地将那人撤职查办就算了事，根本说不上领导群众去进行真正的自我批评，在开展自我批评中来转变苏维埃机关的工作，撤销旧的不良分子，提拔一定的新的干部。只有猛烈的自我批评，才能惊醒那些官僚主义者，推动整个工作，改善整个工作，使整个工作活跃起来。工农检察委员会就应该领导这一自我批评的发展，同压迫自我批评的倾向做最坚决的斗争。

第三，工农检察委员会不但需提出问题，发展自我批评，而且必须提出改善工作的具体方案，工农检察委员会必须把检查工作的执行与具体的帮助联系起来，使每一事件得到彻底的具体的解决。比如现在某一区优待红军家属的工作根本没有执行，那委员会不但要指出这一问题，批评这一问题，而且必须提出具体办法来实际上解决这一问题。

工农检察委员会的经常的巡视员或临时的突击队与工作团等的任务就是在帮助当地的行政机关具体解决所发生的严重问题，工农检察委员会的工作团（或突击队或协助团）应该在当地的实际工作中做其他同志的模范，比如反对用强迫命令摊派公债时，我们的工作团必须在当地用群众动员的方式去推销公债，去在实际工作中证明给其他同志看，用群众动员的方法不但能够免除强迫命令的恶果，而且能够推销更多的公债，在扩大红军与查田运动中，工农检察委员会的工作团或突击队都应该这样做。

反对用官僚主义的强迫命令的方式扩大红军，并不是不要扩大红军，而正是要扩大更多的红军。反对公债的摊派，不是不要推销公债而正是要推销更多的公债，我们反对官僚主义与一切错误的倾向的斗争，是为了更能积极地开展我们的工作。

第四，工农检察委员会的工作，必须吸收最广大的群众来参加，而且必须依靠在群众的身上。每一工作的检查，必须使广大群众知道，使广大群众参加。洗刷苏维埃机关中一个阶级异己分子，不简单是行政上的手段，而且必须是群众的斗争。我们的工农检察委员会，必须利用每一个反官僚主义、反机会主义的斗争，来发扬与提高群众的积极性，组织他们的积极性到社会主义的竞赛与社会主义的突击中去，大大的提高苏维埃机关中工作的速度与苏维埃企业中的生产力。

工农检察委员会的工作必须同群众的报纸与报纸的通讯员以及轻骑队等有密切的联系，它必须依靠工会与青年团等群众的组织，同他们合作或委托他们以一定的任务。简单地依靠工农检察员的力量，显然是不够的。

最后，因为工农检察委员会是检查的机关，所以工农检察员必须是党的苏维埃的最好的干部，这些干部必须是群众中最有威信的同志，我们党的监察委员必须有一部分到工农检察部中去工作。共产党的监察委员会与苏维埃工农检察委员会的工作，应该在许多地方打成一片。共产党的监察委员会应该提出同级苏维埃工农检察委员会的名单，在苏维埃大会上通过，同时工农检察委员会的主席应该是党监察委员会中的当然委员，党的监察委员会的办事处与同级苏维工农检察委员会的办事处，应该完全在一起的。工农检察员同党的监察委员一样，不能兼任其他的工作。他们应该以全副精力用在他们自己的工作上，把工农检察委员会的工作作为苏维埃其他各部的榜样与模范！

工农检察委员会应该从他们自己的工作团、突击队、通讯员以及轻骑队等中间培养与提拔自己的干部。在它的周围应该团结许多积极分子，选择适当的人来担任适当的工作，检查某一工作人员的是否称职，也应该是委员会本身工作之一。

只有工农检察委员会这样的开始工作，使工农检察委员会成为锐利的阶级斗争的武器，工农检察委员会才会算走上了正确的道路，才能极大的提高它群众中的威信。

为得要大大改善我们苏维埃机关的工作，我们必须把工农检察委员会的工作，最尖锐的提到我们全党与整个苏维埃的前面！

张闻天

一九三三年十一月二十一日

中央工农检察委员会是怎样办案的

——1934年2月20日中华苏维埃共和国临时中央政府机关报《红色中华》(第一五二期)

(三级文物　收藏于瑞金中央革命根据地纪念馆)

(图片提供：瑞金中央革命根据地纪念馆)

　　这是一份中华苏维埃共和国临时中央政府机关报《红色中华》(第一五二期)，三级文物，收藏于瑞金中央革命根据地纪念馆。这期报纸第三版刊登有《中央工农检察委员会公布——检举中央各机关的贪污案件的结论》一文。文章披露了中央工农检察委员会开展反贪污浪费与官僚主义的斗争，查办中央互济总会财政部长谢开松贪污案的情况。

中央工农检察委员会收到工农通讯员和互济总会主任的控告，对该会财政部长谢开松涉嫌贪污的违法犯罪行为进行了调查。经调查，查明谢开松违反财经预决算规定，有2858元8角1分5厘的开支没有单据；工作消极，不审查下级的账目，管理失职；生活腐化，"到粤赣发动受难群众去开钨矿时要他们买鸡子、猪肉给他吃"，假冒中央名义乱拿东西。认定谢开松用各种方法贪污公款33元8分2厘。

经审查委员会调查，中央工农检察委员会于2月12日组织群众审判会，对该案进行审理。群众审判会的结论是：建议互济总会将谢开松财务部长撤职，并开除会籍；决议立即将谢开松交法庭严办，并限两星期退赔贪污款。

中央工农检察委员会认为，这个案件说明贪污与腐化、消极怠工是不可分离的。为彻底肃清贪污浪费，必须加紧反对消极怠工的分子，特别是反对生活腐化的斗争。谢开松的贪污腐化与消极怠工，不是最近才发生，而是很早就在工作中表现出来。互济总会的负责同志，直到中央政府命令之下才发觉，证明在互济总会的领导中，还有官僚主义，没有经常检查谢开松的工作，按时审查账目，以致他在工作上愈消极，生活就愈腐化，贪污也就愈大胆。

中央工农检察委员会建议互济总会：必须发动全体会员，将反贪污斗争在全苏区的互济会中开展起来，彻底肃清贪污分子；要严格建立预决算制度，要在各级互济会建立一种清算账目的制度，每月或三个月组织清查账目委员会，由会员或下级派代表组织；开展反官僚主义工作作风，经常进行工作检察。

从该案查办情况看，中央工农检察委员会已经建立了一整套比较成熟的工作体制机制和相关制度规范。接到工农通讯员和相关单位的控告，到涉案人员所在单位进行调查，组织临时审查委员会核查相关事项和账目。调查结束后，组织群众审判会进行审理，作出行政处分建议（本案显示群众审判会并不直接作出行政处分）和移送司法的处置决定。中央工农检察委员会并未满足于就案办案，还要对发案原因进行分析，并在此基础上提出深化反贪污斗争、完善制度规范、改进工作作风等方面的意见建议。

（文字：闵 钐）

【延伸阅读】

谢步升，原瑞金九区叶坪村苏维埃政府主席。随着中华苏维埃共和国临时中央政府的建立，谢步升声望陡然增高，思想作风却逐渐变质，其利用职权贪污打土豪所得财物，偷盖苏维埃临时中央政府管理科公章，伪造通行证私自运输物资到白区出售，谋取私利。他生活腐化堕落，诱逼奸淫妇女，甚至为了劫色敛财，秘密杀害干部和红军军医。事发后，查办案件遇到一定阻力。毛泽东知道后，作出指示："腐败不清除，苏维埃旗帜就打不下去，共产党就会失去威望和民心！与贪污腐化作斗争，是我们共产党人的天职，谁也阻挡不了！"

1932年5月5日，瑞金县苏维埃裁判部对谢步升进行公审判决，判处谢步升死刑。谢步升不服，向中华苏维埃共和国临时最高法庭提出上诉。同年5月9日，以梁柏台为主审的中华苏维埃共和国临时最高法庭进行了二审审理，驳回谢步升的上诉，维持原判：枪决，并没收个人一切财产。当日下午，谢步升在江西瑞金伏法。本案一审公诉人不详，主审为瑞金县裁判部潘立中，陪审谢正平、钟桂先，书记杨世珠；二审公诉人为中央工农检察部调查员陈子丰（又名陈紫峰，后任控告局局长）、张振芳（后任通讯局局长）。

在中华苏维埃共和国临时中央政府开展的以肃清贪污浪费、官僚主义为主要内容的廉政运动中，此案是具有历史意义的第一案，为我党有力打击犯罪、密切联系群众发挥了重要作用。

【判决原文】

临时最高法庭判决书

第五号

一九三二年五月九日，中华苏维埃共和国临时最高法庭主席梁柏台，陪审员：邹武、钟文芳，书记：李伯钊、何秉才，同时参加审判的国家原告人：陈子丰、张振芳；审判反革命案件被告人：谢步升。

本法庭审理的结果，认为瑞金县苏裁判部一九三二年五月五日对于谢步升的判决书是正确的，谢步升的上诉否决，仍按照瑞金县苏裁判部的原判执行，把谢步升处以枪决，在三点钟的时间内执行，并没收谢步升个人的一切财产。

主审　梁柏台

陪审　邹武　钟文芳

一九三二年五月九日

一审判决书：

瑞金县苏裁判部判决书

第八号

一九三二年五月五日，瑞金县苏维埃政府裁判部的法庭主席潘立中，陪审谢正平、钟桂先，书记杨世珠，审判反革命案件的被告人谢步升。根据国家原告机关的材料，法庭审判的结果，被告人自己在法庭的口供，被告人的反革命事实已完全证明。谢步升，男，瑞金九区叶坪人，曾为共产党员。兹将被告人的罪状列举如下：

一、打土豪的财产归私有，吞没公款三千多毛（毫子）。

二、他当村政府主席时，借主席的势力，强奸妇女，包庇富农，将富农改为中农。

三、奸淫了谢××的老婆，因谢××打他，就说谢××是社党，报私仇杀了谢××。

四、收买群众的米，用大斗进，小斗出卖给"一苏大会"。

五、偷了中央政府管理科的印子，私打牛条过山，每只牛得大洋三元。

六、一九二七年杀了贺龙、叶挺军队的医官，拿了金戒指、毡毯等物。

七、以自己的小牛，换了送往灾区的大水牛二只。

八、加入 AB 团，担任 AB 团小组长。

九、抢了瑞林寨丘姓的东西。

十、一千七百毛（毫子）将自己的老婆卖了。

根据中央执行委员会第六号训令，判决谢步升枪决，并没收他个人的一切财产，倘若双方不服，在一星期的期间内可以向临时最高法庭上诉。

主审　潘立中

陪审　谢正平　钟桂先

一九三二年五月五日

李克钧同志的委任状

（收藏于中国国家博物馆）

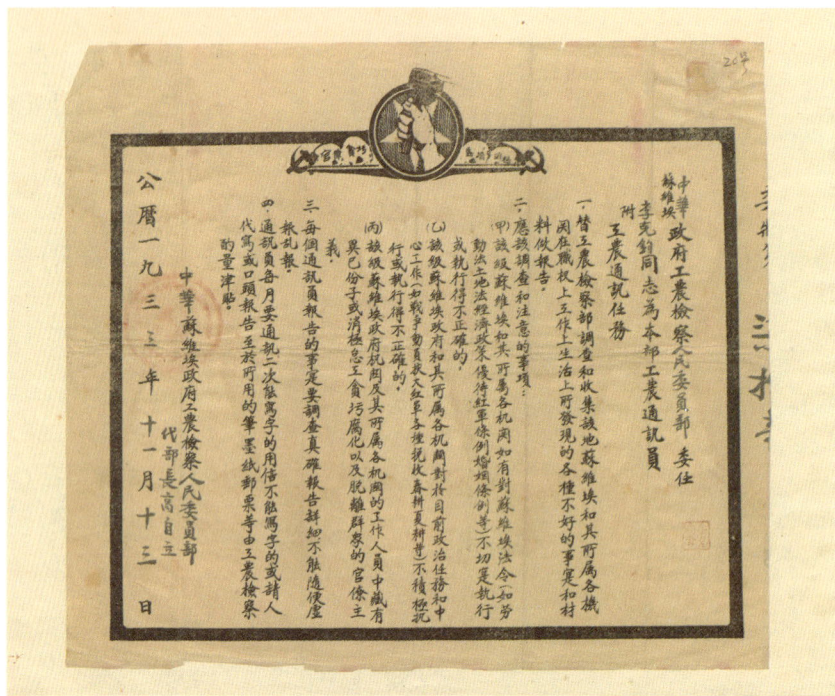

（图片提供：中国国家博物馆）

这是 1933 年 11 月 13 日中央工农检察人民委员部委任李克钧同志为本部工农通讯员的委任状，尺寸为 33 厘米 ×28.1 厘米，收藏于中国国家博物馆。

工农通讯员是人民监督政权的一种方式，是工农检察部开展工作的"眼目"。《中央工农检察人民委员部关于健全各级工农检察部组织的训令（第三号）》指出："各级工农通讯员要广泛建立起来。凡是各机关、各群众团体、各圩场、各村庄以及城市中各街道，都要找到当地群众团体的人员、机关的职员、工厂的工人、农村的农民、街道中工人及贫民等好的分子，加以委任来担任通讯员。作为工农检察部的眼目，要他们经常收书面通讯和口头报告。"

这份委任状详细载明工农通讯员四个方面的任务：

一是要求工农通讯员"替工农检察部调查和收集该地苏维埃和其所属各机关在职权上、工作上、生活上所发现的各种不好的事实和材料做报告"。

二是明确工农通讯员应该调查和注意的事项："（甲）该级苏维埃和其所属各机关，如有对苏维埃法令（如劳动法、土地法、经济政策、优待红军条例、婚姻条例等）不切实执行或执行得不正确的；（乙）该级苏维埃政府和其所属各机关对于目前政治任务和中心工作（如战争动员、扩大红军、各种税收、春耕等）不积极执行或执行得不正确的；（丙）该级苏维埃政府机关及其所属各机关的工作人员中，藏有异己份子或消极怠工、贪污腐化以及脱离群众的官僚主义。"

三是要求"每个通讯员报告的事实要调查真确，报告详细，不能随便虚报乱报"。

四是要求工农通讯员"每月要通讯二次，能写字的用信，不能写字的或请人代写或口头报告，至于所用的笔墨、纸、邮票等，由工农检察酌量津贴"。

这份委任状由中央工农检察人民委员部代部长高自立签署。

（文字：闵 钐　周方园）

【延伸阅读】

通讯员是工农检察机关在各级政府机关、企事业单位、群众团体、街道、村落中设置的不脱产人员。根据《中华苏维埃共和国地方苏维埃暂行组织法（草案）》的有关规定，省、县、区、市各级工农检察部或科，必须在一切国家机关、企业、学校、社会团体及街道村落中，设立工农通讯员。工农通讯员的任务是对国家机关、企事业单位的工作人员进行监督、检查，遇有上述机关的人员违法失职、贪污浪费、违反政策及侵害群众利益等行为时，有权而且也应该负责搜集材料，经所属机关领导审查后，以通讯的方式向工农检察机关报告。"这些工农通讯员把他们本乡本村本屋子本机关本企业中发生的事情告诉中央的、省的、县的、区的及乡的工农检察员，工农检察员就能迅速地处理这些大大小小的事件，使每一事件得到正确解决"。因此，巡视员、通讯员与工农检察机关相互配合，就形成了检察工作的信息网络系统。

中华苏维埃共和国时期，中央革命根据地正是通过开展群众监督与专门检察机构监督相结合的方式，在工农检察委员会下设立控告局，接受工农群众对于苏维埃机关或国家企业的控告，在群众集中的地方悬挂控告箱，便于群众投递具名意见书，另外还建立了突击队、轻骑队、巡视员与通讯员等构成的监督网络，赋予工农群众批评、监督、检查和要求撤换、罢免苏维埃机关及其工作人员的权利。民众有权监督和批评苏维埃机关的工作，发现了贪污腐化、消极怠工和官僚主义现象应立即检举揭发，由司法机关予以严惩。正是由于中华苏维埃共和国高度重视民主监督的作用，并创造了诸多的经验，才使中央苏区的廉政建设取得了显著的成就。一方面清除了贪污腐败分子，纯洁了队伍，仅1934年头两个月在中央一级机关就查出了贪污浪费分子43人，送交法庭制裁29人。另一方面密切了党群干群关系，促进了艰苦奋斗、廉洁奉公、全心全意为人民服务的优良作风的形成。

兴国县苏维埃政府工农检察部的
两份工农通讯员委任状

（分别收藏于瑞金中央革命根据地纪念馆、中国国家博物馆）

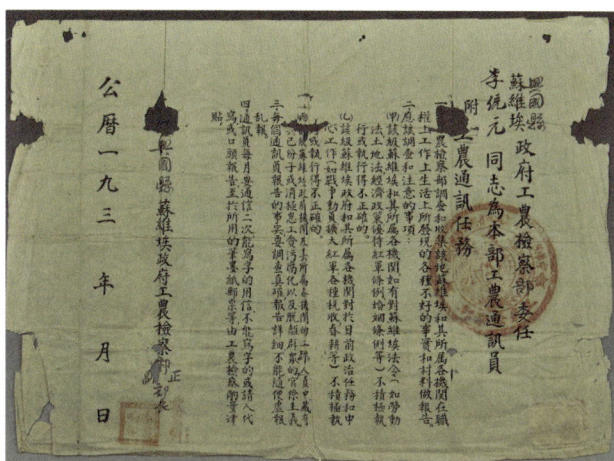

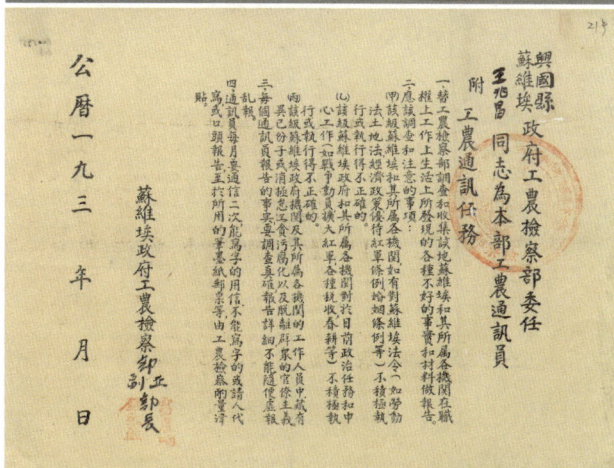

（图片提供：瑞金中央革命根据地纪念馆、中国国家博物馆）

这是兴国县苏维埃政府工农检察部委任李统元和王兆昌为工农通讯员的委任状，分别收藏于瑞金中央革命根据地纪念馆、中国国家博物馆。

这两份县级工农检察部工农通讯员委任状的格式和文字内容与中央工农检察人民委员部委任李克钧为工农通讯员的委任状基本一致。唯有关于工农通讯员应该调查和注意的事项第一项"该级苏维埃和其所属各机关，如有对苏维埃法令（如劳动法、土地法、经济政策、优待红军条例、婚姻条例等）不积极执行或执行得不正确的"与李克钧委任状中相应条款的"不切实执行"表述不同。

1930 年 3 月，兴国县苏维埃政府成立，机关驻县城背街，隶属赣西南苏维埃政府南路办事处，下辖一区至十一区苏维埃政府。1931年 6 月，直属江西省苏维埃政府。兴国是中央苏区模范县，曾受到中华苏维埃共和国临时中央政府主席毛泽东的表彰。按照当时的工作要求，每个乡至少设置一名通讯员担负通讯责任。

这两份委任状由兴国县苏维埃政府工农检察部部长、副部长签署，没有填写具体时间。从签名章"雷忠响"的签署位置看，第二份委任状应晚于第一份委任状。

（文字：周方园　骆贤涛）

反对浪费　严惩贪污

项　英

现在正当红军在前方进行革命战争，夺取赣州的紧张时候，在后方的同志，除了积极领导群众去参加革命战争建立巩固的后防外，最重要的就是节俭经济来供给红军，帮助红军去进行革命战争，谁要不努力去做这一工作，就等于对革命战争怠工。

临时中央政府为了节俭经济帮助红军，曾发了一个第三号通令，要各级政府严格缩减用费，禁止浪费经济，来帮助红军，这是一个很重要的通令，无论哪一级政府，都要绝对的遵守去执行。

这个时候，谁要浪费一文钱，都是罪恶。若是随意浪费，那实际是破坏革命战争。至于吞没公款，营私舞弊等贪污行为，简直是反革命的行为，都非用革命的纪律制裁不可。

最近中央政府派人到兴国，清查兴国、万泰、赣县等县的财政，发现许多政府每月开支浪费得很，一个区政府每月要用到四五百元的经费，有一个区政府每月的信封用了二千九百个，吃仁丹一个人一天吃了八包，诸如此类的很多。这是何等骇人听闻的事呵！不仅如此，像兴国县主席与财政部长、鼎龙区财政科长、兴国所办的国家商店的经理等，吞没公款，假造账目，扯旧账造新账等等贪污舞弊情形，更为严重。还有一种普遍的现象，就是将存款打埋藏，隐藏不报，差不多在兴国各区都是这样做，真是无奇不有的怪现象！

对于这种随意浪费，我们要坚决的反对，如若继续不改的，就要用革命纪律来制裁。对于贪污更要非严办不可。中央政府对于兴国的贪污事情，已命令江西省苏将兴国县主席、财政部长、鼎龙区财政科长、国家商店的经理一律撤职查办，将来还要开法庭审判，这是非常之必要的。

贪污是苏维埃政权下绝不准许有的事，如若发生呢，即是苏维埃政府的羞耻。我们号召工农群众起来，帮助政府，来反对各级政府浪费政府的钱，驱逐各级政府中的贪污分子出苏维埃。对于一切浪费经济，特别是贪污分子，都要给以严重的惩办。

工农通讯员该怎样履职

——1934年7月5日项英给李克均的指示信

（二级文物　收藏于瑞金中央革命根据地纪念馆）

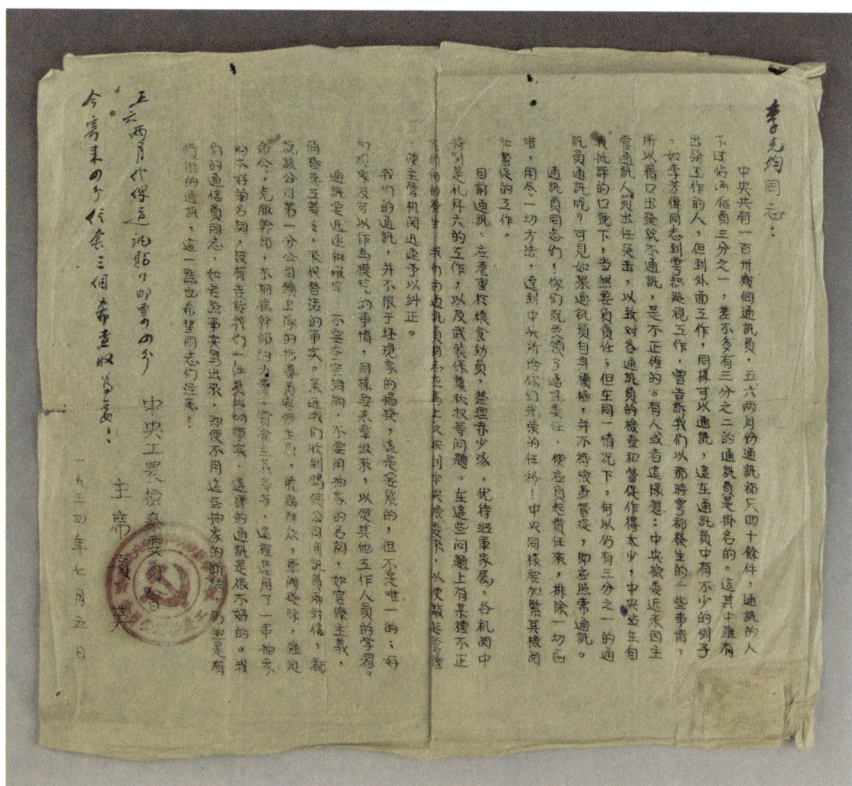

（图片提供：瑞金中央革命根据地纪念馆）

这是1934年7月5日，中央工农检察委员会主席项英写给工农通讯员李克均的指示信，二级文物，收藏于瑞金中央革命根据地纪念馆。

这封信的主文是油印的，盖有公章，抬头和结尾的附注是毛笔手写。据此推测，可能是中央工农检察委员会给所有工农通讯员的一封制式信。

在检察工作中贯彻群众路线，是党领导下的人民检察事业的优良传统。早在 1931 年 11 月，《工农检察部的组织条例》就规定，在工作中检察委员会须注意听工农通讯员的报告。在这封信中，项英以中央工农检察委员会主席的身份，督促工农通讯员要及时通讯，反映情况；强调当前通讯的重点是粮食动员，整理赤少队，优待红军家属等；通讯的内容可以是对坏现象的揭发，也可以是对好现象的表彰；通讯要照实写，不要空空洞洞，不要用抽象的名词等。这封信直面问题，指示明确，文风朴实。

（原文）

李克均同志：

中央共有一百三十几个通讯员，五六两月份通讯都只有四十余件，通讯的人不过占通讯员三分之一，差不多有三分之二的通讯员是挂名的。这其中虽有出外工作的人，但到外面工作，同样可以通讯，这在通讯员中有不少的例子，如李芳伟同志到于都巡视工作，曾告诉我们以那时于都发生的一些事情，所以借口出发就不通讯，是不正确的。有人或者这样想：中央检委近来因主管通讯人员出任突击，以致对各通讯员的检查和督促作得太少，中央站在自我批评的口号下，当然要负责任；但在同一情况下，何以仍有三分之一的通讯员通讯呢？可见如果通讯员自身积极，并不待检查督促，即应照常通讯。

通讯员同志们！你们既受领了通讯委任，便应负起责任来，排除一切困难，用尽一切方法，达到中央所给你们光荣的任务！中央同样要加紧其检阅和督促的工作。

目前通讯，应着重于粮食动员，整理赤少队，优待红军家属，各机关中特别是礼拜六的工作，以及武装保护秋收等问题。在这些问题上有某种不正确倾向的发生，我们的通讯员同志应马上反映到中央检委来，以便敲起警钟，使主管机关迅速予以纠正。

我们的通讯，并不限于坏现象的揭发，这是要紧的，但不是唯一的；好的现象及可以作为模范的事情，同样要表彰出来，以便其他工作人员的学习。

通讯要还原和唯实，不要空空洞洞，不要用抽象的名词，如官僚主义，消极怠工等等，来代替活的事实。最近我们收到钨矿公司通讯员两封信，都说该公司第一分公司矿卫队的指导员官僚主义，脱离群众，军阀残余，强迫命令，克服干部，不相信干部的力量，贪食主义等等，这里连用了一串抽象的不好的名词，没有告诉我们一件具体的事实，这样的通讯是很不好的。我们的通讯员同志，如若照事实写出来，即便不用这些抽象的断语，仍然是有价值的通讯，这一点也希望同志们注意。

中央工农检察委员会主席　项英

一九三四年七月五日

（五六两月份你通讯贴了邮票四分，今寄来四分信套三个，希查收为要。）

（文字：闵　钐　朱廷桢）

1898 年，项英出生于湖北省武昌县（今属武汉市）一个贫苦职员家庭。1919 年五四运动爆发，项英受此影响，心中向往革命。1922 年，项英加入中国共产党，开始了革命生涯。在项英的革命生涯中，有近半数时间从事工人运动。他参与或领导了 20 世纪 20 年代中国工人运动中许多具有重要历史意义的活动，深受工人群众信赖和拥戴，在工人运动史上写下了光辉一页。

项英为中国工农红军和中央革命根据地的建设与发展殚精竭虑。1930 年 12 月，受党中央派遣到中央苏区工作，任中央革命军事委员会主席，苏区中央局委员、代理书记。在协助中央政府主席毛泽东主持中央政府工作期间，他着力加强苏维埃政权建设，动员组织群众发展生产、筹措给养，保证前线供应，带头艰苦奋斗、廉洁奉公。

项英高度重视法制建设。在项英等的努力下短短三年时间内，临时中央政府先后制定颁布了 130 多部法律法令条例，其中包括《中华苏维埃共和国中央苏维埃组织法》等组织法 15 部、《中华苏维埃共和国的选举细则》等选举法 10 部、行政法规 30 多部，初步形成了以《中华苏维埃共和国宪法大纲》为核心，包括政权组织法、选举法、刑法、行政法、民法、经济法、社会法、诉讼程序法等部门法的配套法律体系。他还关注法律的运行和解释工作，比如，1931 年《中华苏维埃共和国婚姻条例》实施后，针对根据地妇女解放的时代背景下人们关于离婚后债务清偿问题，项英专门撰写了《关于婚姻条例的质疑与解答》予以解释。

项英主持中央工农检察委员会工作，加强了中央苏区各级党政机关的廉政建设。项英在主持临时中央政府工作期间，就常以"江钧"为笔名，撰写文章揭露和批评少数苏维埃工作人员中出现的腐败现象。1934 年 2 月第二次中华苏维埃全国代表大会上，项英继续当选为中央执行委员会副主席，并被任命为中央工农检察委员会主席。此后一段时间内，项英以主要精力领导工农检察委员会工作人员，与苏区少数干部中存在的以权谋私、贪污腐化现象作斗争。

当时震动苏区的"于都事件",就是他亲自领导查处的。于都县苏维埃政府主席熊仙璧,是第二届中央执行委员会委员。他利用职权,强借公款50元经商,牟取私利。受他的影响,于都县苏维埃和城关区苏维埃大部分工作人员都私自参与经商,贪污挪用之风盛行,严重败坏了党和苏维埃政府在群众中的威望,影响了各项工作的正常开展。项英得到群众举报后,非常重视,亲率工作组前往于都县查处。他们通过细致调查,终于彻底查清了这一案件。经中央执行委员会批准,撤销了熊仙璧的县苏维埃主席职务,开除其中执委委员,并由最高法院判处监禁一年,期满后剥夺公民权一年。其余与此案有关的贪污犯罪分子亦依法受到惩处,包庇熊仙璧错误的中共于都县委书记刘洪清,亦被撤销职务。这一案件的处理,在中央苏区引起极大的震动。中央人民委员会主席张闻天为此撰写了《"于都事件"的教训》一文,在《斗争》上发表,告诫全体苏维埃工作人员,应经受住执政的考验,戒贪倡廉,不谋私利。

项英作为早期领导者之一,在极其艰苦的条件下,与何叔衡、董必武、梁柏台等先辈们一起创造性地开展苏区法治工作,为保障苏维埃法律政策统一正确实施、巩固新生的红色政权作出了不可磨灭的贡献。

一份珍贵的工农检察教育培训史料

——《苏维埃大学工农检察工作讲授大纲》

（收藏于中国国家博物馆）

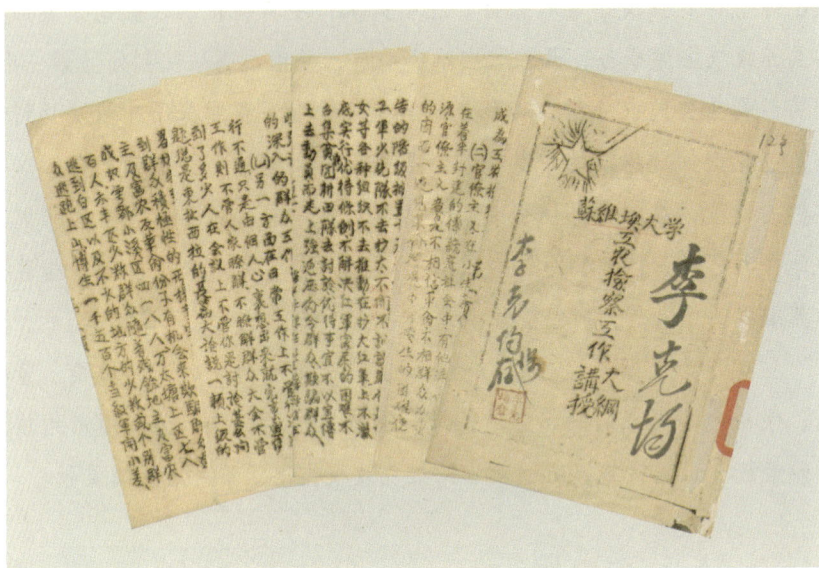

（图片提供：中国国家博物馆）

　　这是李克均保存的《苏维埃大学工农检察工作讲授大纲》（以下简称《大纲》），收藏于中国国家博物馆，是一份珍贵的工农检察教育培训史料。

　　1933 年 8 月 16 日，中华苏维埃共和国中央人民委员会第 48 次常委会决定创办苏维埃大学。苏维埃大学"以造就苏维埃建设的各项高级干部"为宗旨，由毛泽东、沙可夫、林伯渠、梁柏台、潘汉年等组成苏维埃大学委员会，毛泽东亲任校长。苏维埃大学从 1933 年 9

月正式开学，学员"须在机关团体或党团工作半年以上表现出色，具有革命经验"。课程包括理论、实际问题研究和实习三部分，修业期限为半年，后改为一个月至几个月不等。

1933年11月13日，中央工农检察人民委员部委任中华钨矿公司组织科科长李克均为工农通讯员。李克均参加的此次培训，是一次专题培训，主题是"目前检举工作的主要任务"。

《大纲》内容分为两个部分。第一部分围绕反对官僚主义的理论展开。检举运动的目的是："把经过斗争不改的官僚主义份子洗刷出苏维埃"，"吸引新的积极工农份子特别是工人到苏维埃工作"，"转变苏维埃机关的领导方式，使苏维埃密切地与群众联系起来"，这是工农检察部"目前最中心的任务"。官僚主义工作方式有着诸多具体表现，如："在查田运动中不执行查田运动指南的指示"，"以这些强迫命令、摊派的方式来代替艰苦的耐心的深入的群众工作"，"在日常工作上不管行得通行不通，只是由个人心里想出来就完事"，"在会议上不管你是讨论什么问题，总是东扯西拉的长篇大论说一顿"，等等。对官僚主义者的处置方式是：1. 在苏维埃机关开展自我批评；2. 调动其主要工作；3. 撤职开除工作；4. 组织群众审判；5. 移交司法机关裁判。

第二部分围绕反对官僚主义、组织开展检举运动的实践展开。详细介绍检举委员会的组织、检举委员会的工作、检举前的准备工作、群众审判大会的注意事项等。这部分内容侧重实务，具有很强的针对性和可操作性。例如，"有关于军事行政秘密的事件，不宜在检举大会宣布"，"在姓氏地方界限深的地方，与被检举人有关系的，在未打破或没有充分宣传以前，不宜公审"等。

中国国家博物馆还收藏了一份由湘赣省工农检察部翻印的《大纲》，内容相同。这说明《大纲》不仅用于苏维埃大学工农检察教育培训，还以翻印的方式用于各级工农检察机关组织学习，指导工作。

（文字：闵　钐　周方园）

【延伸阅读】

　　苏维埃大学专门培养苏区急需的经济、政治和文教等方面的地方干部。大学下设特别班和普通班，设有土地、国民经济、财政、工农检察、教育、内务、劳动、司法等八个班（1934年春增设外交、粮食两个班）。

　　该校校址设在江西瑞金沙洲坝中央政府大礼堂附近。毛泽东、张闻天、王稼祥、瞿秋白、林伯渠、梁柏台、吴亮平、陈潭秋等众多老一辈革命家，都曾在苏维埃大学任教过。

　　1934年4月1日，为纪念1933年11月20日因病逝世的鄂豫皖苏区主要创立者和领导人沈泽民同志，苏维埃大学更名为"国立沈泽民苏维埃大学"以示纪念。

　　1934年7月16日，中央人民委员会决定，苏维埃大学整体合并到马克思共产主义学校，即中共中央党校。苏维埃大学在其不到一年的短暂而光荣的办学历程中，先后培育了1500余名有较强专业特长的人才，成为推动苏维埃运动的骨干力量。不久，又与其他红军学校编入中央纵队，从瑞金出发踏上了漫漫长征路。

抓紧培训检察干部

——永新县工农检察部关于培训干部的《通知（第一号）》

（收藏于中国国家博物馆）

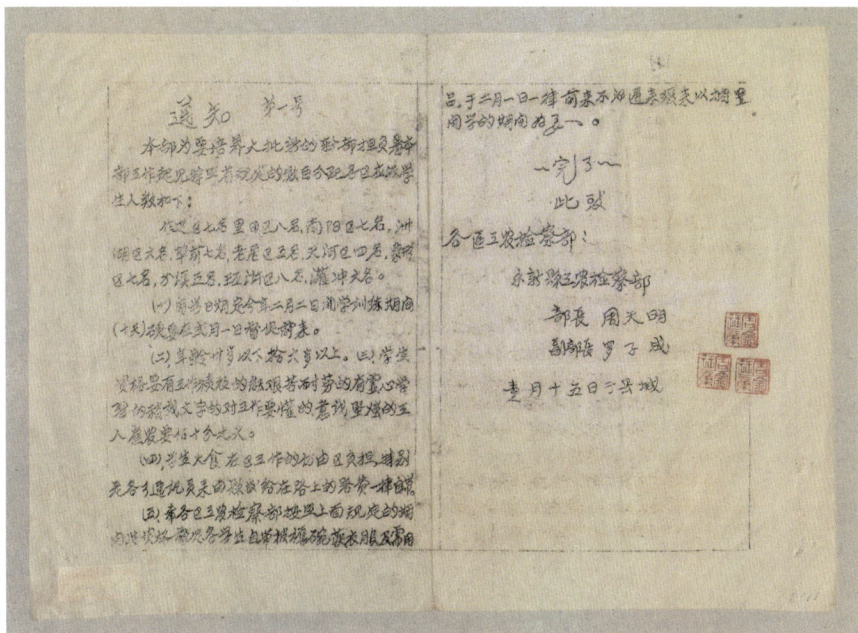

（图片提供：中国国家博物馆）

这是 1932 年 1 月 15 日永新县工农检察部发布的关于培训干部的《通知（第一号）》（以下简称《通知》），收藏于中国国家博物馆。

苏区工农检察机关非常重视队伍建设，通过举办培训班提升工农检察干部的素质。从《通知》可以得知当时永新县工农检察部举办干部培训班的基本情况：

1. 名额分配：全县 11 个区，每个区 4 至 8 人不等，合计 70 人。根据《中央工农检察人民委员部关于健全各级工农检察部组织的训令（第三号）》，"区、市工农检察部除部长及委员外，经常工作人员 5 人至 7 人"，再结合《通知》的有关内容，可知这次培训的 70 人，应该是既有本部的"经常工作人员"，还有有关机关、团体、工厂、街道、乡村的兼职人员。

2. 培训时长：2 月 2 日开学，为期 10 天。

3. 学员条件：年龄在 30 岁以下、16 岁以上，要有工作积极的，能艰苦耐劳的，有虚心学习的，稍识文字的，对工作要懂的，意识坚强的工人或雇农要占十分之六。

4. 学生伙食：在区工作的仍由区负担，各乡通讯员由县发给伙食费，在途的路费则是"一律自带"。

5. 其他要求：各学生自带被褥、衣服、必需品，于 2 月 1 日"一律前来，不得迟来、缓来"。

《通知》落款是永新县工农检察部部长周天明、副部长罗子成。值得注意的一个细节是，这期培训班从 1932 年 2 月 2 日（腊月廿六）开班到 2 月 11 日（大年初六）结业。这从一个侧面体现了新建的工农检察机关把干部培训作为重要任务来抓。

（文字：闵 钐　刘柏青）

【延伸阅读】

我们党历来高度重视培养与选拔党和人民需要的高素质干部。中央苏区创建后，由于大部分的干部为工农和小知识分子，文化程度普遍偏低，能识字的为数不多，缺乏系统的理论学习，政治水平低，干部的工作能力不足以适应新的形势需要。苏维埃政权的建设、经济建设和文化教育事业的开展都需要大批的干部，特别是政治文化水平较高的干部以及专业的技术人员。但苏区各地呈现的状态却是"各地秘书缺乏，苏维埃政府写布告都没有人"。所以迅速培训干部就成为巩固发展中央苏区的大事。在毛泽东同志以前委名义给中央的信中就提到亟盼人来补充，还提出了举办干部培训和成立培训学校的迫切需要。因此，为适应革命工作和人民群众的需要，培养新干部是当时一个迫切需要解决的重要问题。

干部学校培训是干部教育的重要方式。1931年，党中央作出的《中央关于干部问题的决议》要求："苏维埃区域最近更需要特别去做提拔与训练干部的工作，经常利用这种公开的便利大规模的去举办各种人才的训练，如党校，政治军事学校等，必须保证苏区干部的自给。"1931年，党中央给苏区中央局、红军总前委的信中表达了对干部教育的关心，"要举办苏区干部学校，有系统的训练党的干部，当然这种训练是要与当前的战争任务紧相联系的"。据不完全统计，党和苏维埃政府在中央苏区创办的干部教育学校至少有10所，中央层级的包括：综合类的苏维埃大学、政治类的马克思共产主义大学、农业类的中央农业学校、军事类的红军大学、金融类的银行专修学校等。

除干部学校培训以外，在职干部教育也是重要的干部教育方式。在职干部教育经常采用流动训练班的做法，有时候也设立识字班、读书班，旨在降低文化水平较低的各级苏维埃工作人员的文盲率。一般来说，流动训练班都是短期的，主要依据培训对象的相关基础和当时工作及战争环境的变化进行相应调整，短则一星期，长达一个月。鉴于流动训练班的办学时间比较灵活，所以有学习需求的干部们"并不需要一次将文化水平提到足够的程度，学习和工作可以交互进行。这样的办法，一面造就了干部，一面解决了工作人员缺乏的困难"。永新县工农检察部举办的干部培训班就是在职干部教育的一种方式。

党在中央苏区进行了数年时间的局部执政，在资源匮乏、环境恶劣的情况下大力开展党的干部教育工作，有助于培养大批政治立场坚定、军事素养优良、专业技能扎实的优秀干部，进一步巩固苏维埃政权、促进苏区建设发展。

一封工农检察委员会的介绍信

（收藏于中国国家博物馆）

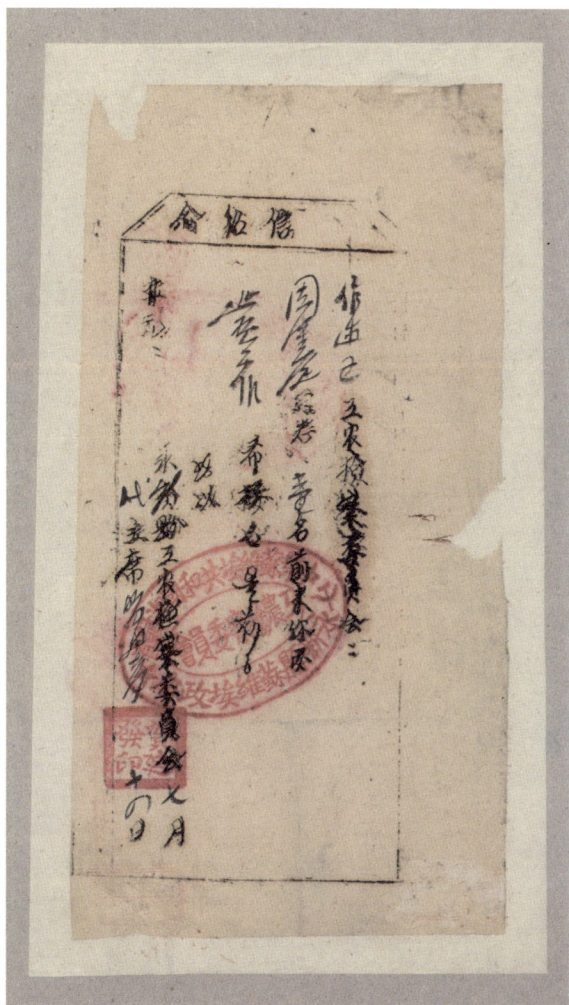

（图片提供：中国国家博物馆）

这是一封湘赣省永新县苏维埃政府工农检察委员会的介绍信，收藏于中国国家博物馆。这封介绍信由湘赣省永新县工农检察委员会代主席贺迪发开具，介绍周金廷与作述区工农检察委员会接洽，主要任务是加强队伍建设，延揽招募5人从事工农检察工作。

介绍信没有标注年份。1933年4月，中央工农检察人民委员部人民委员何叔衡签发第三号训令，要求健全各级工农检察部，强调立即建立各级工农检察委员会。县级检察委员会由9人至21人组成，经常工作人员7人至9人；区级检察委员会由7人至15人组成，经常工作人员5人至7人。1933年9月下旬，蒋介石调动50万兵力对中央革命根据地进行第五次"围剿"，对湘赣苏区"围剿"的兵力达10万人之多。1934年1月，永新县城被敌占领，省委机关被迫转移至永新象形。7月，撤销永新、永安两县苏维埃政府，建立永新中心县苏维埃政府。8月，红六军开始西征，离开湘赣革命根据地。结合以上史料综合判断，这封介绍信开具时间似应为1933年7月14日。

（原文）

介绍信

作述区工农检察委员会：

　　周金廷同志壹名前来你处延五人工作，希接洽是荷。

　　此致

赤礼！

永新县工农检察委员会代主席　贺迪发

七月十四日

（文字：闵钐　黄黎）

中央工农检察人民委员部关于健全各级工农检察部组织的训令

（第三号）

一、工农检察部是政府的最重要一部，考查各级工农检察部的工作均未很好地建立起来，不仅没有经常工作，很多的地方连工农检察部的本身应该做什么工作都不知道，绝大部分是只有部的名义，没有实际的组织与工作，这种现象再也不能继续下去了。

二、各级工农检察部的工作没有建立起来的主要原因之一，就是组织上的不健全，目前在组织上所表现的严重现象是：

1.中央区绝大多数的地方只有一两个工作人员，很多的部长是兼任其他工作，没有专门负工农检察部的责任（如江西工农检察部部长自兼五种工作，兴国县全体是兼劳动部部长等）。

2.只做了政府一般工作，放弃了本身的工作（中央区、两省一县几乎全部都是这样，像福建省工农检察部部长，更是自任职以来就代表政府出外指导工作，在家的时候却很少）。

3.绝大多数的地方没有建立工农检察委员会，有的虽在形式上建立了（如江西省）可是从来没有开过会，实际等于没有。

4.在工农检察部之下，控告局的组织多半是改收发处，工农通讯员一个都没有，突击队也未建立，这样自然无法去进行工作。

5.没有在组织上与党、青年团、工会及各群众团体建立密切联系，没有吸收广大工农群众参加工农检察部的各种组织和工作。

6.县和区的部长时常调换，各级政府在选任部长时，大多数不是选举有长久斗争历史及党龄比较老的共产党员，而是随便推选一人来充当，以致在工作上不能胜任。

7.上下级的行政系统没有建立起来。

三、依照上述组织现象，当然无法去建立它的工作，组织是工作的机器，机器不健全就不能生产，组织不健全就不能执行自己的任务。健全各级工农检察部的组织，这是建立工农检察部的组织内容工作的必要前提，特为规定省、县、区工农检察部的组织内容如下：

（一）各级工农检察部长须有专人负责，不能兼其他各部工作。目前如兼有其他工作者，必须辞去，由主席团另推选其他委员接替其他部分工作，省、县两级须设副部长。

（二）立即建立各级工农检察委员会，省以十一人到二十五人组织之，县以九人到二十一人组织之，区市以七人到十五人组织之，委员会的委员以能经常到会为条件，如只挂名而不到会的要另行委任。委员会的任务是讨论和计划本部的一切工作，部长为委员会当然主席。

（三）省工农检察部除部长、副部长及委员会外，暂定九人至十人担任经常工作，其工作分配如下：

1.指导员二人至三人，经常到各县指导工作；2.控告局局长一人，管理控告局的全部工作；3.调查员一人到三人，执行控告的调查工作；4.管理和指导突击队工作一人；5.管理和指导工农通讯员的工作一人；6.秘书一人，管理文件和开会记录。

（四）县工农检察部除部长及委员会外，暂定经常工作人员七人至九人，工作分配如下：指导员二人至三人，控告局局长一人，调查员一人至二人，管理突击队一人，管理工农通讯一人，秘书一人。

（五）区、市工农检察部除部长及委员会外，经常工作人员五人至七人，工作分配如下：秘书一人，控告局长兼管工农通讯一人，调查员二人，管理突击队一人。

（六）各级工农检察部除了经常工作人员以外，要尽量使委员会的委员能分担部分的工作（委员会的委员可以兼任部内职务，如控告局长、指导员等）。特别是吸收党员、青年团员、工会会员、少先队员以及其他群众团体的人员来参加工农检察部下面各种组织的工作。

（七）临时检察委员会（如经济、土地、检举等等）的组织，除由该级工农检察部派定一个委员去主持外，其余委员均应该吸收不脱离生产的各机关、各群众团体的人员担任。这种临时组织的委员工作完毕即行解散。

（八）各级工农通讯员要广泛建立起来。凡是各机关、各群众团体、各圩场、各村庄以及城市中各街道，都要找到当地群众团体的人员、机关的职员、工厂的工人、农村的农民、街道的工人及贫民等好的分子，加以委任来担任通讯员。作为工农检察部的眼目，要他们经常收书面通讯和口头报告。

（九）突击队要依突击队组织纲要，经常建立起来，要吸收青年团员、工会会员、少先队队员以及其他群众团体的会员，大批的参加突击队。对于青年团的轻骑队、《红色中华》的铁锤队以及其他机关的突击队，取得组织上和工作上的密切联系。

（十）建立报告制度，每月下级须向上级做工作报告一次。

（十一）各级部长以后不能随意调换，如因工作必要须调换者，须得上一级的批准。各部工作人员除由各部委任外，并将该工作人员履历报告上级审查备案。

以上各项须立即遵行，并将执行的经过按级报告为要。

此令

工农检察人民委员　何叔衡

公历一九三三年四月十三日

1934 年工农检察一号训令

（收藏于中国国家博物馆）

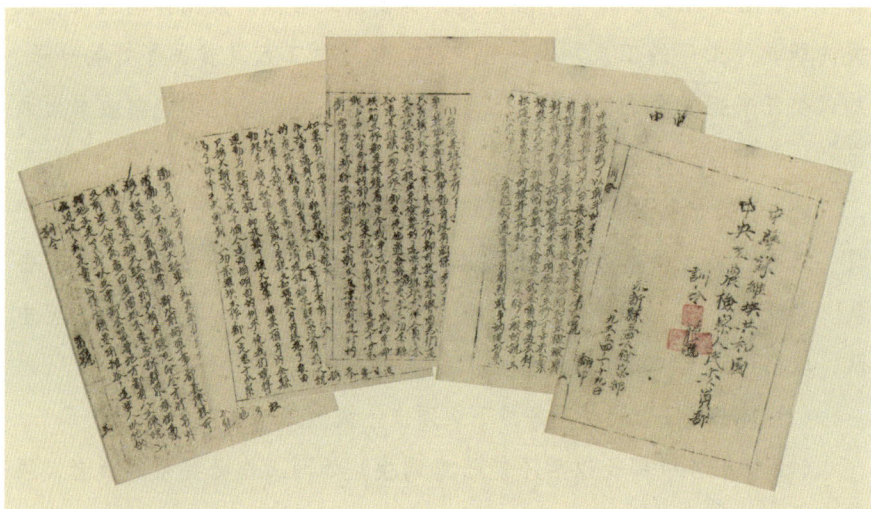

（图片提供：中国国家博物馆）

这是 1934 年 1 月 19 日江西省永新县工农检察部翻印的《中华苏维埃共和国中央工农检察人民委员部训令（第一号）》（以下简称《训令》），由代部长高自立签发，收藏于中国国家博物馆。

1933 年 9 月下旬，蒋介石调集 50 万兵力，采取"堡垒主义"新战略，对中央革命根据地进行大规模"围剿"。同年 10 月 18 日，中华苏维埃共和国临时中央政府发布《中央政府为粉碎五次"围剿"紧急动员令》，强调"一切苏维埃工作，应该服从战争"，要求"各级工农检察部必须加紧检举对于战争动员工作的消极怠工和官僚主义的份子。各级劳动部、教育部在执行劳动法及进行文化教育工作中，应该最密切地时刻联系到战争动员的工作"。为坚决执行中央政府的紧急动员令，11 月 20 日，中央工农检察人民委员部发布了《训令》。

《训令》指出，"一切苏维埃的工作都是环绕着革命战争这个总任务，成为革命战争中不可分离的部分。如果把它分离开来，这是十分不对。"要求各级工农检察人民委员部对于扩大红军、优待红军家属、执行阶级路线与群众路线等方面存在的问题进行检举。

从这份《训令》可以看到，人民检察自诞生之日起，就紧紧围绕党的中心工作履职。

（文字：邹 成）

中华苏维埃共和国中央工农监察委员部训令 第一号
为加紧检举工作坚决执行中央政府的紧急动员令

中央政府为了以战斗的精神，动员群众粉碎敌人五次"围剿"，曾于十月十八日发出紧急动员令，令内明确指出当前的紧急任务，并指出各级工农检察部必须加紧检举对于战争动员工作的官僚主义，消极怠工分子。中央工农检察人民委员部检阅各级工农检察人民委员部过去对于这些紧急任务的检举工作执行得非常不够，一般地说，工农检察部工作没有能够适应目前剧烈战争的迫切要求，为了迅速的完全的具体的实现□□□□□□每一条文，特责成各级工农检察部立即以突击精神实行对战争动员的切实监督与检举。

一、哪些是应该检举的

（1）有些苏维埃工作人员认为战争动员只是军事部的事，其他各部与战争动员没有关系，或者相反的说，现在只有扩大红军要紧，其他工作都可以放着不做。同志们这是要注意的，要提出来检举的。这些苏维埃工作人员，不知道苏维埃一切工作，都要使它适合战争的要求。一切苏维埃的工作都是环绕着革命战争这个总任务，成为革命战争中不可分离的部分。如果把它分离开来，这是十分不对。当前是粉碎五次"围剿"的决战正在激烈进行的时候，不可扩大红军归队运动，扩大红军与训练赤卫军少先队，优待红军家属，慰劳红军，赤色戒严□，动员运输队上前线，这是紧急的工作，不可一点放松。即如查田运动，经济建设，选举运动，文化教育，肃反工作，筹款工作等，如果有一件放松起来，即要使战争动员受到损失，要使革命战争遇到不利，那些把战争动员与其他工作分离起来的，实际对战争动员怠工，例如粤赣省有些地方只讲扩大红军，不讲查田运动与经济建设，结果群众没有广大说动起来，扩大红军也就成了空谈，又如瑞金八月内注意了查田运动与经济建设，却放松了扩大红军，结果一个月内全县只扩大新战士几十个人。这两个明白的例子，使我们晓得为了粉碎五次"围剿"，一切苏维埃工作，都一定要十分紧要进行批评与检举。

（2）有些人认为我这里是边区新区不能扩大红军，或是以前扩大红军太多了，没有劳动力了，也不能扩大红军，或是妇女小足不能劳动，也不能扩大红军，或是我们这里群众不好不能扩大红军。一直到像于都以前的军事部长陈桂所说，于都要扩大红军则只有用强迫命令才行，另外又有些人认为查田查阶级不要告诉群众，恐怕豪绅地主走了，所以在于都会昌等地方都有人主张晚上去没收，或是卖公债必须要用摊派，这些人以他的机会主义的观点来估计群众，不相信群众的力量，看不到群众的积极性，所以他们就用强迫方法去扩大红军，结果也引起恐慌，即使勉强去前方又发生了开小差，对开小差的又用强迫方法去做归队运动，结果也是达不到归队目的。此外，如强迫推销公债，强迫查田，都是迫使得群众不满意，破坏政府威信，妨碍工作进行，这是工农检察部都要注意的，要严格的提出检举。

（3）对于优待红军家属不注意，是扩大红军的极大障碍，这也是工农检察部要注意的，要严格提出检举的。

（4）游击部队及边区政府不正确执行阶级路线与群众路线，如打土豪打到中农贫农身上，没收的东西不发给群众，造成赤白对立，造成边区群众向白区逃跑，这也是工农检查（察）部要注意的，要严格提出检举的。

（5）赤卫军少先队模范营、模范少先队，只有形式的编制，没有认真上课出操，哨线不严，敌探及便衣队可随时遭遇。同志们，这也是工农检察部要注意的要严格提出检举的。

（6）赤卫军游击队里面隐藏有残余地主富农，及阶级异己分子，要发动群众检举出去。

（7）在那些发生严重错误的地方，如大批开小差，很久不能扩大红军，以致群众恐慌逃跑的地方，一方面要检举犯错误的工作人员，一方面要注意有反革命分子暗藏在群众中活动，不要放松肃反，对于放松肃反的人，同样是工农检察部要注意的，要严格提出检举的。

二、用什么方法进行检举

（1）检举不只是洗刷或处罚犯错误者和官僚主义者就可了事，主要的是要发动群众来和这些犯错误者与官僚主义者做斗争，方法是在苏维埃各种会议上提出批评，在群众会议上提出批评。不经过斗争批评，一下子就撤职处罚，这是不对的，几次批评不改，也不撤职处罚，这就可开群众大会公审，要他向群众承认错误，□□把小的错误公审是不对的，错误极大，群众愤恨，不开公审，也是不对的。

（2）检举不只是揭发错误，还要举出不错误的做得好的实际例子的来同他的错误作比较。比如他说本地不能扩大红军，就举出别地扩大红军的成绩，并把所以得到成绩的原因讲给他听。对动员表示疲倦的，就举出那些不疲倦的例子，如兴国红五后能继续保持动员数量，有的区已六次动员模范赤少队加入红军给他听。用强迫命令不能扩大红军，不能使逃兵归队的就举出不用强迫命令能够归队的例子给他听。这是反对官僚主义的最好方法，如若不说好的例子，只说他错误了，仍然不能使他真正了解错误，不能很快使他纠正。

（3）批评撤职处罚公示的目的不是为了一个人，为了一件事，而是为了多数人，为了许多事。因此每一次检举都要能够改变政府人员的工作方式，提高群众的积极性，使苏维埃工作得到很明显的转变。为达此目的，必须使检举运动变成群众的运动。在县以上各级政府机关中要使那个机关的工作人员都起来注意被检举者的错误。要在会议上向错误者做斗争，不可少数人批评一顿，处罚一下就完事。在与群众密切联系的市苏、乡苏赤卫军少先队、游击队中，要使那个地方那个部队的工农贫民士兵群众都起来注意被检举者的错误，要使群众知道犯这些错误是不对的，群众应该监督工作人员行为的，不可少数人批评一顿，处罚一下就完事。

（4）经过几次开会批评不改，错误重大应该撤职或处罚的，就要向主席团提出意见，将他撤职或处罚。何时要向主席团提议把积极分子提拔出来代替他的工作，要记着只有检举运动做成了群众运动，积极分子才更易涌现出来。

以上检举的目标与检举的方法，希各级工农检察部努力执行，要使苏维埃机关中，地方武装中，没有一个官僚主义者及阶级异己分子能够站足，才是粉碎五次"围剿"的最好力量，才是坚决执行中央政府的紧急动员令。

中央工农检察人民委员部

代部长　高自立

一九三三年十一月二十日

1934年中央工农检察委员会委员名单

——《红色中华》（第二次全苏大会特刊第七期）

（三级文物 收藏于瑞金中央革命根据地纪念馆）

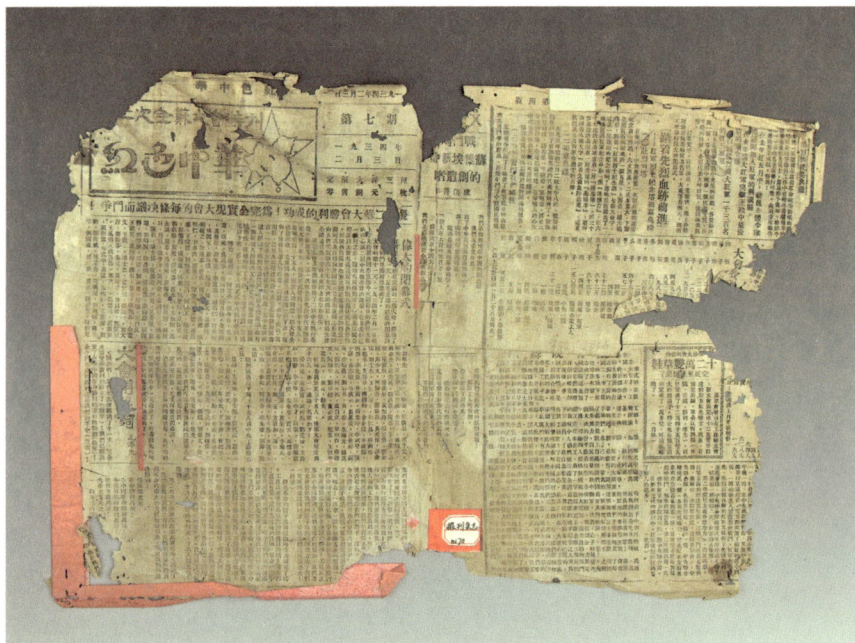

（图片提供：瑞金中央革命根据地纪念馆）

　　这是 1934 年 2 月 3 日出版的中华苏维埃共和国临时中央政府机关报《红色中华》（第二次全苏大会特刊第七期），三级文物，收藏于瑞金中央革命根据地纪念馆。

　　这份特刊为四开报，铅印宋体黑字，报头为横写美术大字"红色中华第二次全苏大会特刊"及一个内含中国地图的五角星。本期报纸共 4 个版面，第一版刊登《伟大的闭幕式》和《大会闭幕词》。1934 年 1 月 22 日，第二次全国苏维埃代表大会在瑞金沙洲坝临时中央政府大礼堂召开。出席大会的正式代表 693 人，候补代表 83 人，列席旁听代表 1500 多人。1 月 24 日至 25 日，毛泽东代表中华苏维埃共和国中央执行委员会和中央人民委员会向大会作了两年来的工作报告。1 月 27 日，根据代表们讨论的意见，毛泽东又作了关于中央执行委员会报告的结论，着重阐述了关心群众生活与注意工作方法的问题。1 月 31 日，项英向大会作了关于宪法修改的报告。2 月 1 日，大会选举产生了第二届中央执行委员会，毛泽东等 175 人为中央执行委员，邓子恢等 36 人为候补中央执行委员，项英、董必武、罗荣桓、滕代远等 35 人为中央工农检察委员会委员，委员名单刊载于《伟大的闭幕式》一文中。

这 35 名委员是：农细、朱克盛、李生保、滕代远、罗荣桓、蔡畅、黄长娇、罗元杰、谢学连、刘列珠、范乐春、黎莲秀、赖荣光、王孚善、曾昭明、胡美水、冷郭仪、张炳如、邹芳禧、董必武、王秀、康保贵、吕广运、邓先钊、刘传家、王汉章、段松瑞、叶胜芳、张标、刘进文、芦同好、张振芳、项英、吴秀英、丘荣先。

（文字：朱廷桢　骆贤涛）

【延伸阅读】

二苏大召开后，产生了第二届中央执行委员会，并任命35人为中央工农检察委员会委员。这充分体现了工农检察机关由最高权力机关产生。

《中华苏维埃共和国中央苏维埃组织法》规定："人民委员会为中央执行委员会的行政领导机关，负指挥全国政务之责。"人民委员会对苏维埃共和国中央执行委员会及其主席团负责，须按时向中央执行委员会及其主席团作工作报告。

中央人民委员会由人民委员会主席、副主席，外交、劳动、土地、军事、财政、国民经济、粮食、教育、内务、司法等人民委员和工农检察委员会主席等组成。为镇压反革命，在人民委员会之下设国家政治保卫局。如工作需要，中央执行委员会还可随时增加其他人民委员。"人民委员"这个名称，是仿照苏联的国家政体称谓而来的，只有人民委员会的委员才能使用这个称谓。

在中央执行委员会之下，与人民委员会平行的机构，还有最高法院（一苏大会后至二苏大会前为临时最高法庭）和审计委员会。

在中央人民委员会之下，设外交、劳动、土地、军事、财政、国民经济、粮食、教育、内务、司法各人民委员部，同时设革命军事委员会及工农检察委员会。各人民委员即为相应的人民委员部首长（即部长）。各人民委员部及革命军事委员会、工农检察委员会的职权与组织机构，由中央人民委员会另以条例规定。

中央人民委员会在一苏大会后，只设有外交、劳动、土地、军事、财政、教育、内务、司法、工农检察等人民委员部和国家政治保卫局（即九部一局）；1933年2月增设国民经济人民委员部；1934年2月二苏大会后，增设粮食人民委员部。原工农检察人民委员部在二苏大会后改为工农检察委员会。

对反革命案件行使检察职能的机关

——《中华苏维埃共和国国家政治保卫局组织纲要》

（收藏于江西省档案馆）

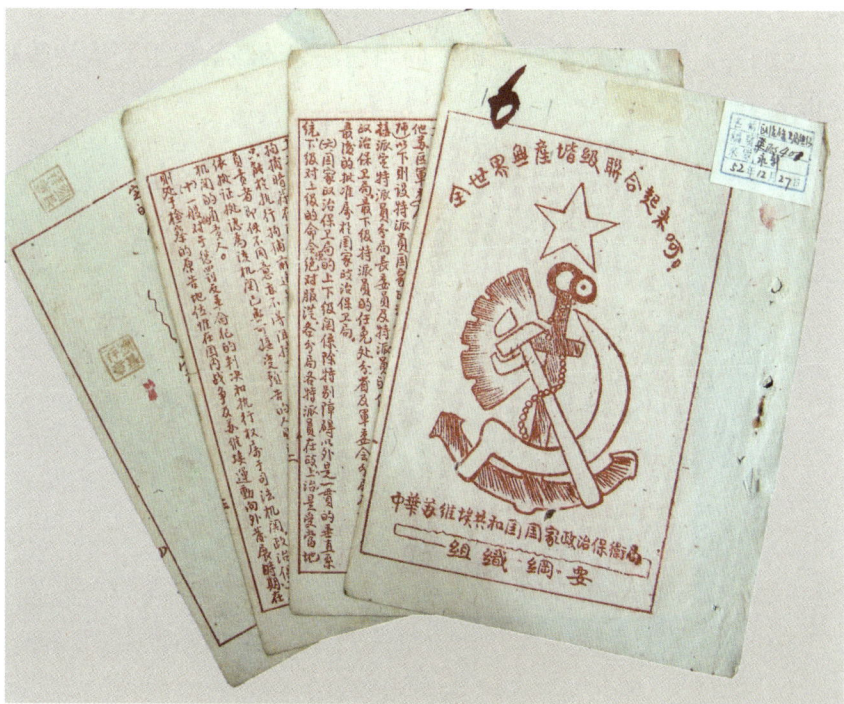

（图片提供：江西省档案馆）

　　1932 年 1 月 27 日，中华苏维埃共和国中央执行委员会制定并颁布了《中华苏维埃共和国国家政治保卫局组织纲要》（以下简称《纲要》），共 14 条，对国家政治保卫局的性质、任务、领导体制、职权等作出规定。

《纲要》第一条规定，政治保卫局在临时中央政府人民委员会管辖之下执行侦查、压制和消灭政治上经济上一切反革命的组织活动及侦探盗匪等任务。根据《处理反革命案件和建立司法机关的暂行程序》（中央执行委员会训令第六号）和《纲要》规定，政治保卫局对于反革命案件行使侦查、逮捕和预审职能，预审之后以国家原告人资格，向司法机关提起公诉。《纲要》第四条规定，国家政治保卫局设委员会，国家政治保卫局局长任委员会主席，并可以列席人民委员会，有发言权。委员中有一人同时担任最高法院检察员。

　　《纲要》是苏区政治保卫机关的组织法，为政治保卫局依法履职提供了法律依据。

（文字：闵 钐　骆贤涛）

　　国家政治保卫局是中华苏维埃共和国临时中央政府负责肃反保卫工作的最高领导机关，其主要职能是侦察、压制和消灭政治上、经济上一切反革命的组织活动、侦探及盗匪等任务。

　　政治保卫局的组织系统是：在中央设国家政治保卫局，国家政治保卫局下设侦察部、执行部、秘书处（后称总务处）、政治保卫大队（后增设了红军工作部、白区工作部和总务处）等职能部门。在省、县及相当于县的市苏维埃政府设政治保卫分局，区及县属市设特派员。

　　在红军中也设有相应的政治保卫机关，如在方面军军团下设立国家政治保卫局分局，在师、团及独立营则设特派员及干事。必要时，在某些机关中可直接设立国家政治保卫局特派员。省级、方面军军团的各分局，设执行部、侦察部、总务处。其中，执行部之下又设执行科、预审科；侦察部之下又设侦察科、检察科。县级分局则设执行科、侦察科和总务科。以上各部（处）科的职权是：执行部（科）负责管理拘捕审问及处理犯人，并领导保卫队，监督护照、通行证、路条之发给；侦察部（科）负责组织工作网，指导侦察工作，查邮件与白区书报；总务处（科）管理局内事务工作。省级的各分局，设局长1人，副局长1人，执行部、侦察部各设部长1人，执行科、预审科、侦察科、检察科各设科长1人。总务处设处长1人。

　　政治保卫局各级机关，完全为集权组织，下级服从上级，采取委任制度。各级政治保卫局之下，设有委员会组织，负责审查和讨论保卫局所得材料。各局局长是该委员会主席，参加的委员应有同级共产党代表和检察员。国家政治保卫局各级机关的行动，须受法律的约束与限制，在法律规定的范围内，国家政治保卫局的各级机关办理的案件，须接受各该级法院检察员的检察，法院未成立前须接受临时最高法庭及各该级裁判部检察员的检察。

　　政治保卫局对于反革命案件行使侦查、逮捕和预审职能，预审之后以国家原告人资格，向司法机关提起公诉。邓发、李克农、郭滴人、华质彬、娄梦侠等都担任过国家原告人。政治保卫局公诉了许多典型案例，如"钟同焕反革命案"、"罗宏接反革命案"、"钟天灿反革命案"和"钟盛波反革命案"等。在党的领导下，国家政治保卫局和分局在中华苏维埃共和国建设各条战线上开展了一系列卓有成效的工作，为粉碎国民党军的"围剿"、保卫苏维埃政权，发挥了重要作用，付出了巨大牺牲。

苏区司法机关的组织法和诉讼法

——《中华苏维埃共和国裁判部的暂行组织及裁判条例》

（收藏于江西省档案馆）

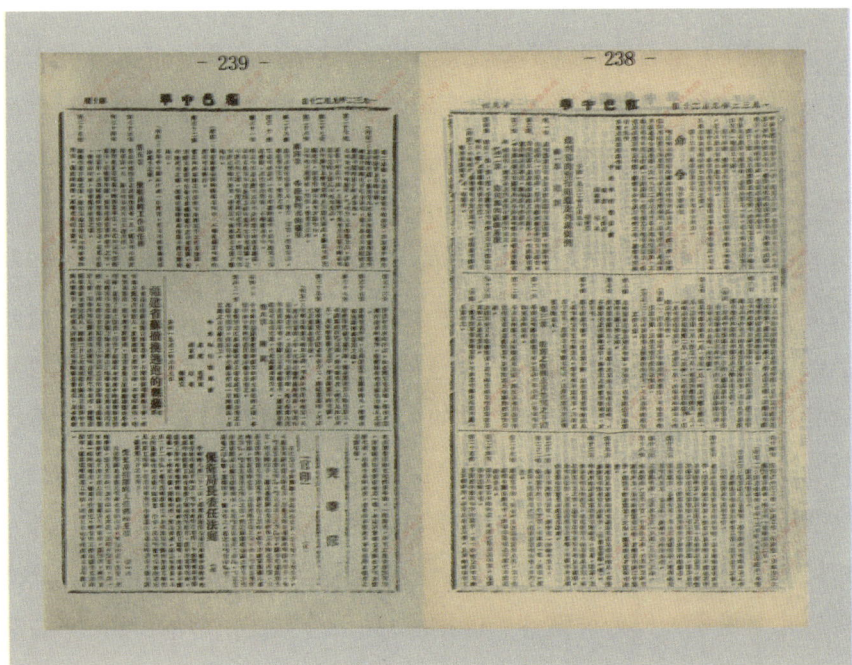

（图片提供：江西省档案馆）

这是 1932 年 9 月 20 日出版的中华苏维埃共和国临时中央政府机关报《红色中华》（第三十四期），收藏于江西省档案馆。这期报纸第九版刊登了《中华苏维埃共和国裁判部的暂行组织及裁判条例》（以下简称《条例》）。

中华苏维埃共和国临时中央政府成立后，于 1932 年 6 月 9 日发布命令，颁行《条例》。《条例》共 6 章，分别为"总则""裁判部的组织系统""法庭之组织及其审判之手续""各级裁判部的权限""检察员的工作和任务""附则"。

《条例》规定，裁判部是法院未设立前的临时司法机构，暂时执行司法机构的一切职权，审理刑事、民事案件的诉讼事宜。苏区地方政权采取省、县、区、乡（市）四级制度。《条例》要求，在省、县、区设裁判部，城市设裁判科。裁判部"在审判方面受临时最高法庭的节制，在司法行政上则受中央司法人民委员部的指导"。

《条例》第五章以 7 个条文规定了检察员的工作和任务。关于检察员的配备，"省裁判部得设正副检察员各一人，县裁判部则设检察员一人，区裁判部则不设立检察员"。关于检察员在诉讼中的职责职权，"检察员管理案件的预审事宜，凡送到裁判部的案件，除简单明了，无须经过预审的案件之外，一切案件，必须经过检察员去预审过，并且凡是一切犯法行为，检察员有检查之权"。"经过预审手续之后，检察员认为有犯法的事实和证据，作出结论后，再转交法庭去审判。""发觉有犯法的行为，如必须预先逮捕，然后才能进行检查的案件，检察员有先逮捕犯法的人之权。""当检查案件时，凡与该案件有关系的人，检察员有随时传来审问之权。""检察员当检查案件时，无论问被告人和见证人，必须写成预审记录，由被审问者（被告人和见证人）及检察员签字盖章，作为该案件的证据。"关于检察员出庭的身份，"检察员是代表国家的原告人，开庭审案时，可以代表国家出庭告发。"

《条例》为裁判部内设检察员在诉讼中依法履行预审和出庭告发职责提供了法律依据。

（文字：闵 钐　骆贤涛）

【延伸阅读】

瑞金县苏裁判部办理了著名的"朱多伸反革命案",此案由华质彬作为国家原告人出席法庭,本案相关情况具体如下。

【案情简介】

此案背景是中华苏维埃共和国设立了案件审理的复审程序,实行两审终审制,为当事人的权利救济构筑了第二道保障线。案件初审后,如果当事人认为初审认定的事实不清、适用法律错误的,允许其上诉,将案件提交上一级裁判机关复审。

1932年5月,时任中华苏维埃共和国临时最高法庭主席的何叔衡,接到瑞金县苏裁判部送来的被告朱多伸因反革命罪被判处死刑的第二十号判决书。何叔衡曾与朱多伸有过多次接触,了解到他曾对一些贪污浪费、消极怠工的乡干部进行多次举报,在认真研读口供和判决书所列事实后,觉得事有蹊跷。为查清案件事实,他立即赶赴壬田乡调查核实。经仔细审查、认真考量,何叔衡严格按照量刑尺度,撤销了朱多伸的死刑判决,改判监禁二年。

【典型意义】

此案体现了中央苏区尊重事实、重视证据、坚持程序、情理法统一的优良司法传统,以及严格区分重罪与轻罪、罪刑相适的法治精神,为人民司法审判工作奠定了公开、公正、有错必纠、实事求是的司法作风。

【一审判决书】

瑞金县苏裁判部判决书

第廿号

一九三二年五月二十四日,瑞金县苏维埃政府裁判部的法庭主审潘立中,陪审钟桂先、钟文高,书记杨世珠,同时参加审判的国家原告人华质彬，审判反革命案件的被告人朱多伸。根据国家原告机关的材料及法庭审判的结果，被告人等反革命事实已经证明。朱多伸，男，七十二岁，瑞金县壬田区人，劣绅。兹将被告人的罪状列举如下：

一、过去是劣绅，以强欺弱，压迫劳苦群众。

二、欺骗别人的田做风水，霸占自己的山不分给别人。

三、吞没公款，克扣罚款。

四、冒称宁、瑞、石三县的巡视员。

五、私扣公家子弹，卖给公家以赚钱。

根据中央执行委员会第六号训令，判决朱多伸处以枪毙。倘若双方不服，在一星期的期限内可以向临时最高法庭上诉。

主审　潘立中

陪审　钟桂先

钟文高

一九三二年五月二十四日

【判决原文】

临时最高法庭批示

法字第十七号

瑞金县苏裁判部第二十号判决书关于朱多伸判处死刑一案不能批准。朱多伸由枪毙改为监禁二年。根据口供和判决书所列举的事实，不过是贪污怀私及冒称宁、石、瑞三县巡视员等等，是普通刑事案件，并非反革命罪。且朱多伸曾组织游击队，参加过革命，又年已七十二岁，因此减死刑为监禁。此批。

瑞金县苏裁判部

临时最高法庭主席　何叔衡

一九三二年五月二十六日

处理反革命案件和建立司法机关的暂行程序

——《中华苏维埃共和国中央执行委员会训令（第六号）》

（收藏于江西省档案馆）

（图片提供：江西省档案馆）

这是 1931 年 12 月 28 日出版的中华苏维埃共和国临时中央政府机关报《红色中华》（第三期），收藏于江西省档案馆。这期报纸第一版至第二版刊登了同年 12 月 13 日通过的《中华苏维埃共和国中央执行委员会训令（第六号）》（以下简称《第六号训令》）。

《第六号训令》是关于处理反革命案件和建立司法机关的暂行程序，是中华苏维埃共和国临时中央政府成立初期，为镇压反革命分子、巩固工农民主政权、保障工农权益而颁行的重要法律文件。全文共九条，规定了反革命案件的职能管辖、诉讼程序、审讯方法以及司法机关建设等内容。

在职能管辖方面，一切反革命案件都归国家政治保卫局负责。在诉讼程序方面，国家政治保卫局对反革命案件进行侦查、逮捕和预审；预审之后以国家的原告人（即国家公诉人）资格向国家司法机关（法院或裁判部）提起诉讼，由国家司法机关审讯和判决。一切反革命案件审讯（除国家政治保卫局得预审外）和判决（从宣告无罪到宣告死刑）之权都属于国家司法机关。在审讯方法方面，强调必须坚决废除用刑，采用搜集确实证据等各种有效方法。在司法机关建设方面，规定各地在省、县、区三级政府设立裁判部，为临时司法机关，解决一切刑事和民事的案件。

《第六号训令》发布后，其成为中央苏区时期的重要法律渊源，也是各级司法机关审判反革命案件的最直接依据。比如 1932 年 5 月 5 日，瑞金县苏裁判部在"谢步升贪污案"判决书中写道："根据中央执行委员会第六号训令，判决谢步升枪决，并没收他个人的一切财产。"1932 年 5 月 24 日，瑞金县苏裁判部在"朱多伸反革命案"判决书中，也将《第六号训令》作为裁判依据。

（文字：闵 钐　骆贤涛）

【延伸阅读】

　　为了更好地运用法律武器镇压反革命阶级的阴谋破坏活动，保障工农群众的民主权利和合法利益，维护革命根据地的法律秩序，巩固和发展红色政权，苏区工农民主政府颁布了一系列法律文件，规定司法机关在进行刑事诉讼时必须依法行使各自的职权。

　　根据中华苏维埃共和国临时中央政府的规定，在革命初起、革命政权尚未建立的地方，当地革命群众有权直接逮捕和处决豪绅地主及一切反革命分子。临时革命政权（革命委员会）建立后，由肃反委员会执行受命逮捕、看管和处决一切反革命罪犯的任务。在这个阶段上，革命司法的特点是，冲破束缚革命手脚的一切条条框框，广泛依靠人民群众的直接革命行动。一旦工农民主政府宣告正式成立，上述做法即应终止，而由分别设立的政治保卫局和裁判部履行刑事诉讼中的法定职能。

　　由于政治保卫局和裁判部的职能各异，它们在刑事诉讼中所处的法律地位各不相同。总的说来，政治保卫局执行对一切反革命案件的侦查、逮捕和预审，预审之后，以原告人身份向裁判部提起诉讼，由裁判部审理和判决。据法律规定，一切反革命案件的审讯和判决（从宣告无罪到判处死刑）之权都属于裁判部，一般刑事案件和民事案件的诉讼事宜，除现役军人及军事机关的工作人员外，也由裁判部审理。其他机关、团体和个人，除法律另有规定者外，一律无权拘人、捕人，更不得进行审讯和科以刑罚，否则即为违法。而政治保卫局和裁判部在刑事诉讼中也必须恪守法律规定的职权范围，不得逾越。后来，随着国民党反动派对红色区域发动反革命"围剿"的加剧，阶级斗争日趋激烈，国家政治保卫局的职权也愈加扩大，直至拥有审讯和处决反革命的特权，从而使它在刑事诉讼中的法律地位发生了重大变化。

　　附属于临时最高法庭和省、县裁判部的检察长、检察员执行检察的职能，在刑事诉讼中与政治保卫局和裁判部相互配合，但无明确的制约关系。中央司法人民委员部 1933 年 5 月 30 日在对裁判机关工作的指示中明确规定："裁判机关与预审机关必须发生密切的关系，以互相商量来解决案件。"检察员除执行检察职能外，和政治保卫局一样同为预审机关，凡送往裁判部的案件，一般均需经过检察员预审，预审后，如果认为确有犯罪事实和证据，作出结论后，移交裁判部的法庭审理。对于必须预先逮捕才能检查的案件，检察员有权先行逮捕犯罪人，而无须任何机关批准。在一般刑事诉讼中，检察员是代表国家的原告人；对于反革命案件，只能由政治保卫局提起诉讼，代表国家出庭告发。

梁柏台出庭控诉书

——1934 年 3 月 29 日中华苏维埃共和国临时
中央政府机关报《红色中华》第一六八期

（三级文物，收藏于瑞金中央革命根据地纪念馆）

（图片提供：瑞金中央革命根据地纪念馆）

这是 1934 年 3 月 29 日出版的中华苏维埃共和国临时中央政府机关报《红色中华》（第一六八期），三级文物，收藏于瑞金中央革命根据地纪念馆。这期报纸第九版至第十版刊登了"熊仙璧渎职、贪污案"控诉书、最高特别法庭判决书（该期《红色中华》刊印的人名，在"控诉书"中为"壁"，在判决书中为"璧"）。

熊仙璧曾任中央执行委员、于都县苏维埃政府主席，因涉嫌渎职、贪污，由中央工农检察委员会检举。1934 年 3 月 20 日，中央执行委员会发布命令，批准人民委员会撤销熊仙璧县苏维埃政府主席职务，开除其中央执行委员会委员资格，交最高法院治罪。3 月 25 日，最高法院组织特别法庭审理该案。特别法庭以董必武为主审，何叔衡、罗梓铭为陪审，李澄湘、邹沛甘为书记，梁柏台担任最高特别法庭临时检察长出庭支持公诉。

《控诉书》从 8 个方面指控熊仙璧的犯罪事实：1. 在于都工作，对于镇压反革命采取了放任旁观和妥协的态度；2. 以主席的名义，强借公款 50 元，拿去做生意；3. 因为本身贪污公款做生意，影响到整个于都工作人员的贪污，因此在于都贪污之风盛行一时；4. 对于上级命令的执行，采取消极抵抗的态度；5. "任用私人"，县苏土地部副部长是熊的弟弟，又一个部员是熊的亲族；6. 不注意群众生活；7. 对于查田运动，解决土地问题，同样采取消极的态度；8. 其他如赤色戒严的工作，"完全没有，使反动派可以自由活动"。

经审理，法庭判处熊仙璧监禁一年，刑期从 1934 年 3 月 6 日起至 1935 年 3 月 5 日止，期满后剥夺公权一年。该判决为终审判决，不得上诉。

从熊仙璧案件的调查检举、出庭公诉、法庭审理、判决执行来看，中央苏区已建立起一整套服务于"镇压反革命，保障革命民众的利益，巩固苏维埃政权"的司法程序。此案也体现了中央苏区时期法律面前人人平等、腐败必查、违法必办的思想，展现了我党反腐败的坚定决心，为赢得民心、巩固苏维埃政权发挥了重要作用。

（文字：闵 钐　骆贤涛）

【延伸阅读】

1899 年 9 月，梁柏台出生于浙江省新昌县新林乡查林村，先后入当地双溪学堂、龙山学堂和知新学校读书。1918 年，梁柏台考入浙江省立第一师范学校预科，在校期间，以极大的热情投入五四运动中，参与组织浙江一师学生"全国书报贩卖团"，推销各地新书刊，积极传播新思想。梁柏台广泛阅读进步书刊，树立了"鼓吹新思想，以改造社会、革新人生观为唯一的目的"的信念。1920 年 9 月，经俞秀松、陈望道介绍入上海外国语学社学习俄文。1920 年冬，加入社会主义青年团，成为中国最早的青年团团员之一。

1921 年 4 月，22 岁的梁柏台受组织派遣，抱着"男儿立志出山乡，以身许国路漫漫。待到世界大同日，筑路架桥把家还"的宏愿离开家乡，远赴苏俄学习，以图革命救国。一同赴苏联学习的还有刘少奇、任弼时、萧劲光等同志。1922 年，梁柏台进入莫斯科东方大学学习，1922 年底成为中国共产党党员。

1924 年，梁柏台圆满完成学业，被分配到苏联海参崴工作，先后担任沿海省职工苏维埃华工指导员、远东五省职工苏维埃委员及主席团成员、中共崴埠支部书记等职，并在党校兼职。1927 年底，梁柏台调任伯力远东华工指导员，负责远东的华工工作和中国共产党的工作，后被派往伯力省法院任审判员，从事革命法律研究和司法工作，同时任远东教务部编译局编译，翻译了《联共党纲和党章》《列宁主义入门》等书册。

1931 年春，梁柏台被国内迅速发展的革命形势吸引，专程去莫斯科向共产国际东方部请求回国，参加国内革命斗争。1931 年 5 月，梁柏台秘密回国，7 月暂留闽西苏区工作，9 月随刘伯坚到达中央革命根据地。11 月 7 日，中华苏维埃第一次全国代表大会在瑞金召开，梁柏台出席大会，当选大会主席团宪法起草委员会成员，大会通过了他参与起草的《中华苏维埃共和国宪法大纲》。在此期间，他还参与起草了《中华苏维埃共和国婚姻条例》《中华苏维埃共和国中央苏维埃组织法》等法令。

以毛泽东同志为主席的中华苏维埃共和国临时中央政府成立后，梁柏台一直从事临时中央政府的司法工作。他和何叔衡、董必武、项英、张鼎丞、高自立等开展了创立苏维埃政法机关和司法制度的工作，历任临时中央政府司法人民委员部副部长、内务部副部长和代理部长、临时最高法院法庭委员、临时检察长、司法人民委员等职。

毛泽东同志称赞梁柏台为"红色法律专家"。在中华苏维埃共和国临时中央政府成立的短短两年多时间里，梁柏台组织制定了《革命法庭条例》《革命法庭的工作大纲》《看守所章程》《中华苏维埃共和国惩治反革命条例》《中华苏维埃共和国司法程序》等 10 多个法律法规，并陆续颁布实施，初步建立起了中华苏维埃共和国的司法机关和司法制度。

1933 年 6 月，梁柏台被指定为中华苏维埃第二次全国代表大会准备委员会成员和重要文件起草委员会委员，负责起草有关大会的重要文件，执笔修改了《中华苏维埃共和国宪法大纲》《中华苏维埃共和国婚姻条例》《中华苏维埃共和国中央苏维埃组织法》等重要法规。7 月，根据人民委员部的决定，梁柏台修改定稿了《中华苏维埃共和国选举法》，在 9 月召开的中央苏区南部 18 个县区的两级苏维埃政府内务部部长出席的选举大会上，作了《选举法》和《全苏大会的准备》报告，详细而具体地指导了选举工作。

1934 年 1 月，梁柏台出席中华苏维埃第二次全国代表大会，被推选为大会主席团成员、大会秘书长和法令委员会主任。梁柏台经大会选举为第二届中央政府执行委员会委员，并在执行委员会第一次会议上作了《关于组织的重要原则》的报告，选任为司法人民委员。

梁柏台在中华苏维埃共和国法制建设中，既是领导者，也是法律的主要制定者。在立法活动中，梁柏台一面组织立法，一面指导立法，一面参与立法。他将过去革命根据地零散的立法整合、修订，参考苏联的法律制度，把马克思主义基本原理和中国革命法律建设的具体实际相结合，促进了中华苏维埃法律体系的诞生，为苏维埃政权的正规化建设和有效运行起到了重要作用，开创了有法可依的时代，"透出了民主新政的曙光"。梁柏台在《司法人民委员部一年来工作》中指出:"司法机关过去在苏区是没有的,是中央政府成立后的创举。在司法上,每种工作都是新的创造和新的建设,所以特别困难。"这段话揭示了中华苏维埃共和国司法工作开创性的历史事实及其艰难的历程。中华苏维埃临时中央政府作为第一个真正由人民当家作主的红色政权,苏区的司法机关从无到有,从小到大,从草创到健全,从无序到规范,浸透了梁柏台无数的精力和汗水。

梁柏台在我国人民审判、人民检察历史上有着重要地位。最高法院成立后,遵照中央执行委员会命令,组织最高特别法庭,依照法定程序开庭审理了原中央执行委员会执行委员、于都县苏维埃政府主席熊仙璧等贪污渎职一案。最高法院指定梁柏台担任最高特别法庭临时检察长。

梁柏台多才多艺,在从事司法工作之外,还先后担任过《红色中华》代理主笔、苏维埃大学委员会委员、中央审计委员会委员等职,并担任瑞金红军烈士纪念塔、中央临时政府大礼堂等工程的总指导。

1934年10月,中央红军主力被迫长征。梁柏台留在中央苏区坚持战斗,任中共中央分局委员、中华苏维埃共和国中央政府办事处副主任(陈毅为主任)。他领导军民坚壁清野、安置伤员、解决部队给养,妥善处理大批文件资料。在敌人日益严重的围困中,被迫突围。1935年3月,梁柏台率中央政府办事处部分人员在突围中不幸负伤被捕,后被敌人"铲共团"杀害,时年36岁。

苏区重要的刑事程序法

——《中华苏维埃共和国司法程序》

（收藏于江西省档案馆）

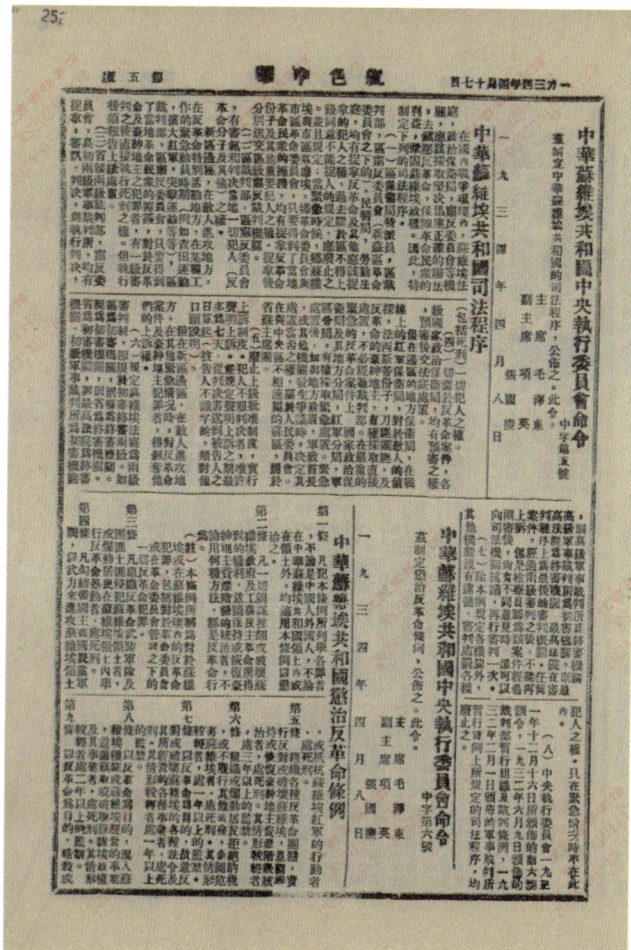

（图片提供：江西省档案馆）

这是 1934 年 4 月 17 日出版的中华苏维埃共和国临时中央政府机关报《红色中华》(第一七六期),收藏于江西省档案馆。这期报纸第五版刊登了同年 4 月 8 日中华苏维埃共和国中央执行委员会公布的《中华苏维埃共和国司法程序》(以下简称《程序》)。

　　《程序》规定,除苏维埃法庭、政治保卫局、肃反委员会等机关外,其他机关没有逮捕、审判、处罚各种犯人之权;对反革命案件的预审之权,归属政治保卫局;实行上诉制度和两审终审制度。值得一提的是,《程序》还明确规定,"检察员认为该案件经过两审后,尚有不同意见时,还可以向司法机关抗议,再行审判一次"。

　　这份法律文件主要是为了进一步规范苏维埃法庭、政治保卫局、肃反委员会等机关,采取坚决迅速正确的方法,镇压反革命,保障革命群众利益,巩固苏维埃政权。该法律颁行后,取代了之前发布的第六号训令、《裁判部的暂行组织及裁判条例》、《军事裁判所暂行组织条例》等法律法规。

(文字:闵　钐　骆贤涛)

【延伸阅读】

由于特殊的战争环境，工农民主政权的诉讼立法主要是指刑事诉讼法。因为在激烈的战争条件下，民事案件较少发生，而且大都经由基层政府解决，很少进入司法程序。

在整个第二次国内革命战争时期，中华苏维埃共和国临时中央政府没有颁布过全面、系统的刑事诉讼法。刑事诉讼中的法律关系通常由单行条例、训令或其他形式的法律文件加以调整，如1931年12月13日中央执行委员会非常会议通过的《关于处理反革命案件和建立司法机关的暂行程序》的第六号训令、1932年6月9日中华苏维埃中央执行委员会公布的《中华苏维埃共和国裁判部暂行组织和裁判条例》、1934年4月8日中华苏维埃中央执行委员会公布的《中华苏维埃共和国司法程序》等。它们是刑事诉讼法的重要渊源。

中华苏维埃共和国临时中央政府和各苏区工农民主政府所颁布的有关司法机关的组织条例也包含有不少刑事诉讼法律规范。从法律形式来说，当时的刑事诉讼法规和司法机关组织法规是紧密联系、相互渗透的，在许多场合甚至是融为一体的。组织法和程序法在法律形式上不予严格区分，是当时诉讼立法的一个特点。

红色区域刑事诉讼法的另一个重要渊源，是中华苏维埃共和国临时中央政府司法人民委员部发布的训令。司法人民委员部本是司法行政管理部门，但它所发布的指导审判机关日常工作的文件，也包含有审判制度的具体规定。

随着第五次反"围剿"形势日益严峻，一些反革命分子活动猖獗。1934年4月8日发布的《中华苏维埃共和国司法程序》扩大了地方政权机关处置反革命分子的权力。

《程序》第（一）项规定："区保卫局特派员，区裁判部，区肃反委员会（新苏区革命委员会之下的），民警局，劳动法庭，均有捉拿反革命及其他应该捉拿的犯人之权，过去关于区不得上级同意不能捉人的规定，应废止之。"并且规定:"当紧急时候,乡苏维埃与市区苏维埃,乡革命委员会与市区革命委员会,只要得到了当地革命民众的拥护,均有捉拿反革命份子及其他重要犯人之权,捉拿后分别送交区级肃反裁判机关。"第(二)项规定,在新区边区,在敌人进攻地方,在反革命特别活动地方,在某种工作的紧急动员时期,区裁判部,区肃反委员会,只要得到了当地革命民众的拥护,对于反革命及豪绅地主之犯罪者,有一级审判之后直接执行死刑之权。但执行后须报告上级处置。第(四)项规定:"一切关于反革命案件,各级国家政治保卫局,均有预审之权,预审后交法庭处置。但在边区的地方保卫局,在战线上的红军保卫局,对于敌人的侦探,法西斯帝份子,刀匪团匪,及反革命的豪绅地主,有权采取直接处置,不必经过裁判部。在严重的紧急的反革命案件上,国家政治保卫局及其地方分局,红军分局,军区分局,有权采取紧急处置。紧急处置后,如与地方政府,军政首长,或其他机关发生争议时,决定其处置当否之权,属于人民委员会。在与中央区不相连属的苏区,属于省苏主席团。"

这部法律产生于战争时期,明确了对反革命案件的处理程序,为案件办理提供了程序法依据,有利于打击反革命活动,维护苏维埃政权稳定。

《中央司法部训令第二号》手稿

（收藏于中央档案馆）

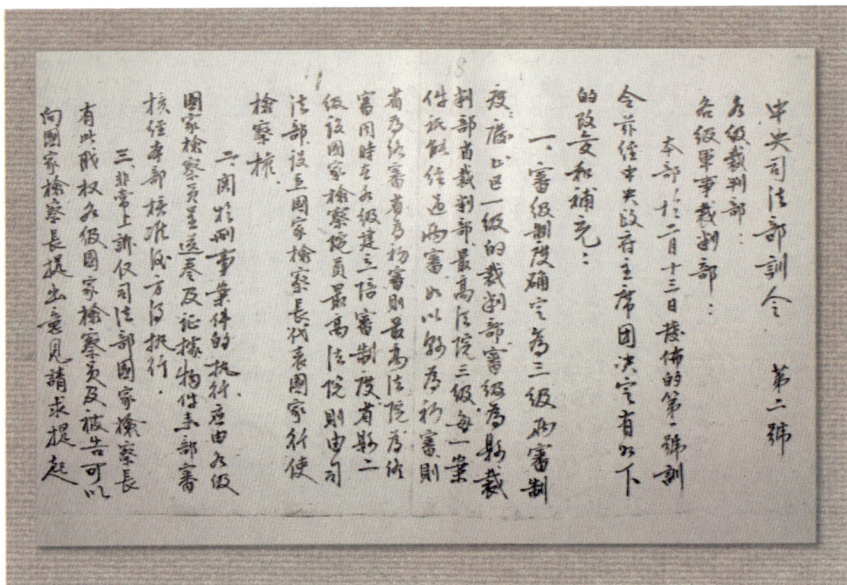

（图片提供：中央档案馆）

这是《中央司法部训令第二号》（以下简称《训令》）手稿，收藏于中央档案馆。

1934年10月10日，中共中央和中央红军开始长征。中共中央到达陕北后，成立中华苏维埃共和国临时中央政府驻西北办事处，下设工农监察局。1937年2月，中央司法部相继颁布第一、第二号训令，确定建立和健全裁判部，省、县二级裁判部设国家检察员，最高法院则由司法部设国家检察长，代表国家行使检察权。

《训令》共六条，对审级制度、刑事执行、非常上诉、陪审员、检察员紧急指挥权等作出了规定，其中涉及检察的有：（1）审级制度确定为三级两审制度，省、县二级设国家检察员，最高法院则由司法部设立国家检察长代表国家行使检察权。（2）刑事案件的执行，由各级国家检察员将案卷及证据物件呈送司法部审核，核准后方可执行。（3）非常上诉，只能由司法部国家检察长提起，各级国家检察员及被告可以向国家检察长提出意见，请求提起非常上诉。（4）各级国家检察员及司法部国家检察长均由司法部制发国家检察员指挥证。在执行职务中，遇有急迫情形，可以指挥地方保卫队、红军保卫部武装辅助完成任务。

《训令》体现了西北办事处时期司法检察制度的特点。

（文字：闵　钐　骆贤涛）

【延伸阅读】

1937 年 2 月 13 日公布的中央司法部第一号训令，强调审判和检察机关相互的独立以及相互的制约，虽然没有明确规定检察员的职责，但是提出了需要明确相互职责的意见："司法机关是非常尊严的，应选正直而有革命历史的同志负担，建立他的独立工作，不得随便以人兼任，尤其是由县区保卫局长兼裁判部长，保卫局是侦察反革命提出公诉的机关，裁判部是执行一切民刑事件的机关，两者混一，是非常不好的，应急纠正。在裁判部内，检察员与审判员的职责，也应分别清楚，才能裁判进行，得到正确。"

1937 年 2 月 22 日公布的中央司法部第二号训令，则强调了检察机关的设置、职权等详细内容。省、县二级设国家检察员，最高法院则由司法部设国家检察长，代表国家行使检察权。

检察工作的范围，包括刑事案件的执行、死刑案件的执行、刑事案件的上诉和非常上诉等方面。具体而言，刑事案件的执行，主要指对嫌疑人的侦查、起诉；死刑案件的执行，主要是通过检察工作，实现对死刑案件的核准程序；刑事案件的上诉，指检察机关如果刑事案件的判决不服，可以提起上诉；非常上诉指对于已经生效的判决，被告人和检察员认为错误时，向国家检察长提出建议，并依法提起审判监督措施。其中，对于刑事案件的执行、死刑案件的执行以及非常上诉，《训令》规定："……关于刑事案件的执行，应由各级国家检察员呈送卷判及证物来部审核，经本部核准后，方得执行。非常上诉仅司法部国家检察长有此职权，各级国家检察员及被告可以向国家检察员提出意见，请求提起。"

对于检察官对刑事案件的上诉问题，《训令》规定，检察官的上诉与被告的上诉同时存在，与之相关的制度是陪审制度："陪审员与裁判员有同等裁判权力，即如县裁判部进行审判时，以三人的合议制行之，以裁判员为审判长，向原被告及诉讼人发问，二陪审员旁听，判决时如陪审员二人意见相同，裁判员不同意时，为了尊重群众意见及依照少数服从多数的原则，应依照陪审员的意见决定，但同级国家检察员及被告不服判决时可提出上诉。"

为了保障检察权的独立运行，对于检察员执行职务的程序和方式，进行了明确规定。《训令》规定："各级国家检察员及本部国家检察长，均由本部制发国家检察员指挥证，在执行职务中，遇到急迫情形，可以指挥地方保卫队、红军保卫部武装补助，完成任务。"

中央苏维埃裁判部设立检察员的检察体制，与审判组织的建设相一致，分别设立于最高法院、省级法院和县裁判部。但是，无论哪一级审判机构设立的检察员，都称为"国家检察员"。

黄克功案公诉书

（收藏于中央档案馆）

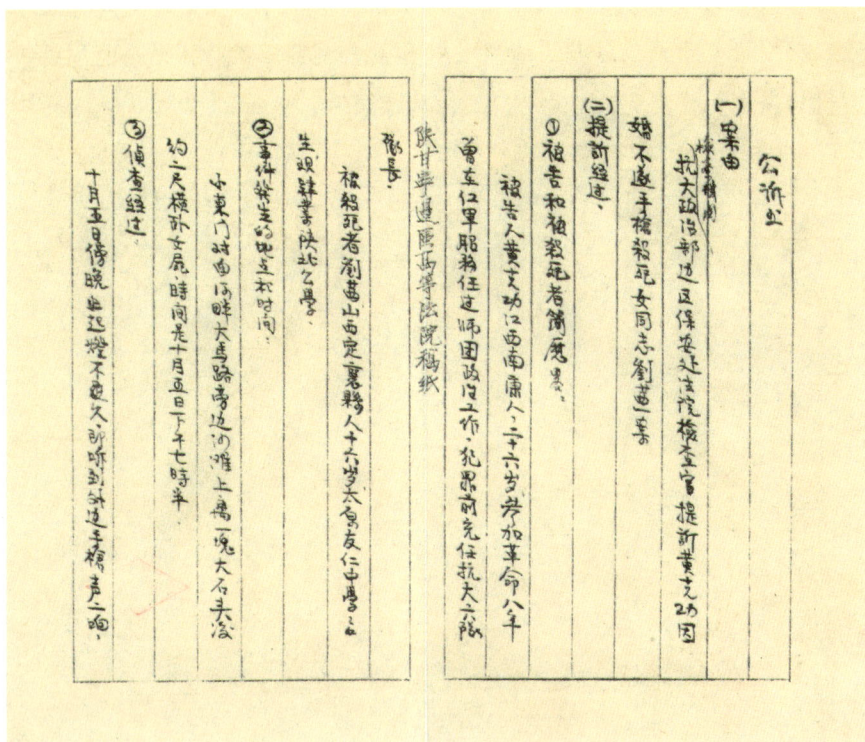

公诉书

（一）案由

接本院抗大政治部延区保安处主院检查官提讯黄克功一案因

婚不遂手枪杀死女同志刘茜一案

（二）提讯经过：

① 被告和被杀死者简历。

被告人黄克功江西南康人，二十六岁劳加革命八年曾在红军服役任连师团政治工作。犯罪前充任抗大六队。

被杀死者刘茜。

（陕甘宁边区高等法院稿纸）

张长。

被杀死者刘茜山西定襄县人十六岁太原友仁中学。

② 事件发生的地点和时间。

生现缺莫陕北公学。

小东门村西河畔大马路旁边河滩上寓一冤大石头後

约二尺横卧女尸，时间是十月直日下午七时半

③ 侦查经定：

十月五日傍晚由巡警不逊久即听到枪声二响。

（图片提供：中央档案馆）

这是黄克功案公诉书，收藏于中央档案馆。

1937 年 10 月，延安发生了一起震惊陕甘宁边区、影响波及全国的重大案件。时任红军抗日军政大学第三期第六队队长的黄克功，因逼婚未遂，在延河畔枪杀了陕北公学学员刘茜，由一个革命功臣堕落

为杀人犯。

案件侦查终结，移送边区高等法院检察官提起公诉。10月11日，在陕北公学操场，召开公审大会。审判长雷经天，陪审员李培南、周一明、王惠子、沈新发，抗大政治部副主任胡耀邦、边区保安处黄佐超和边区高等法院检察官徐世奎作为检察机关代表出席公审大会，支持公诉。

公诉书除首部、尾部外，只有"案由"和"提诉经过"两部分。

案由为："检察机关抗大政治部、边区保安处、法院检察官提诉黄克功因婚不遂，手枪杀死女同志刘茜一案。"之所以抗大政治部、边区保安处和法院检察官共同作为"检察机关"，这与苏区时期就存在的群众团体派员出庭做国家原告人的制度有关。1932年6月颁布的《裁判部的暂行组织及裁判条例》第二十三条规定："开庭审判时，除检察员出庭做原告人外，与群众团体有关系的案件，该群众团体也可派代表出庭做原告人。"

"提诉经过"部分，包括了"被告和被杀死者简历""事件发生的地点和时间""侦查经过""现有的人证物证""原因的推断""处理的意见"等内容。公诉书在分析犯罪原因时指出：黄克功由个人利益高于一切，认女子为私有财产的观念出发，不顾革命利益，政治上昏聩，革命意识全无，以致因恋爱不达目的而杀害人命。最后，公诉书提出了处理意见：黄克功曾系共产党员，又是抗大干部，不顾革命利益，危害国家法令，损害共产党红军的政治影响，实质上无异帮助了日本汉奸，破坏革命。应严肃革命的纪律，处以死刑。

在案件公审前，有的干部以黄克功对革命贡献大，请求赦免。黄克功也自恃功高，写信给毛泽东和雷经天，请求从轻处罚。雷经天向毛泽东汇报了案件有关情况，毛泽东在回信中指出："正因为黄克功不同于一个普通人，正因为他是一个多年的共产党员，是一个多年的红军，所以不能不这样办。共产党与红军，对于自己的党员与红军成员不能不执行比较一般平民更加严格的纪律。""一切共产党员，一切红军指战员，一切革命分子，都要以黄克功为前车之鉴。"

　　我们党是靠革命理想和铁的纪律组织起来的马克思主义政党，纪律严明是党的光荣传统和独特优势。法律面前人人平等，共产党员更要做遵纪守法的模范。黄克功案件公正无私、执法如山的处理，受到了当时社会各界的广泛赞誉。

（文字：闵 钐　周方园）

黄克功案公诉书原文

（一）案由：

检察机关抗大政治部、边区保安处、法院检察官起诉黄克功因婚不遂，手枪杀死女同志刘茜一案。

（二）起诉经过：

（1）被告和被杀死者简况

被告人黄克功，江西南康人，二十六岁，参加革命八年，曾在红军服务，任过师团政治工作，犯罪前充任抗大六队队长。

被杀死者刘茜，山西定襄县人，十六岁，太原友仁中学学生，现肄业陕北公学。

（2）事件发生的地点和时间

小东门对面半大马路旁进沙滩上，离一块大石头后约二尺，横卧女尸，时间是十月五日下午七时半。

（3）侦查经过

十月五日傍晚上，起灯不久，即听到外边手枪二响，当时据哨兵说，抗大出过通知演习，以为是延安摩托学校演习，发枪事实如何，当晚未加追究。六日早上，有人报告沙滩路旁横卧公学女生刘茜死尸，当即派人员驰赴检查。刘茜身中两枪，头部、腰部各一，腰部子弹未出，路旁遗弃手枪子弹壳二粒、子弹头一个。据陕北公学董铁凤等说：刘茜五日黄昏时，由黄克功叫去谈话，再未回来，并说黄某累向刘茜求婚。小东门、大东门哨兵说，当时打枪时是五日傍晚点名时间，枪声以后约二十分钟，小东门只有抗大一人进城，说是洗澡，哨兵不认识其人。又据大东门哨兵说，枪声以后二十分钟有抗大的一个提马灯的人出城，另有几个老百姓进城。又据黄志勇说，五日下午他与黄克功出城玩耍，到陕北公学附近遇到刘茜与董铁凤等相伴同行，黄克功即叫来刘茜谈话，黄志勇当即去延安摩托学校，直到黄志勇由延安摩托学校进城时（天刚黑），尚见黄克功与刘茜仍站在三条路总合坡上谈话，黄克功要黄志勇同志先回校。

查问抗大六队同志，说黄克功回校时已经点过了名。据他的勤务员张海如说，黄克功回队即将裤子、鞋袜脱下，浸湿换洗。

查问提马灯出城的人，是抗大管理员徐松林同志。他说他从东关进城时（天将黑），即遇见黄克功与刘茜站在沙滩旁边上面的三岔路口谈话，听到女子说："黄克功不要动摇！"后来他由学校提马灯出城，在沙滩上又遇见黄克功向这边回来，没有看见女子。时间距离天黑不久，正是城门哨兵听见打枪后二十分钟。根据上述时间、空间以及黄克功的许多形迹可疑材料，认为黄克功有枪杀刘茜之严重事实和嫌疑，足可断言的了，以后更由王智涛同志到抗大检查黄克功手枪，不但子弹口径相同，而且在枪筒内还有新打过子弹的淡烟灰色，虽经搽洗，犹有遗迹可凭。对于昨晚之枪杀案者，实系黄克功之手枪无疑义了。根据以上确证，抗大最高首长以及刘亚楼同志重复查验，亦属同一推断，当由刘亚楼同志严厉向黄克功讯问，才直供不讳。

（4）现有的人证物证

黄克功的手枪一支并弹壳两粒、弹头一粒。

证明枪响前后见黄克功在枪杀地点附近者：徐松林，黄志勇。

还有附证人黄铁凤、肖赤、勤务员张海如、大小东门哨兵。

黄克功在羁押中的申诉书二件。

（5）原因的推断

第一，本案前身，完全是由于恋爱不遂所起。根据刘茜写给黄克功的信件，黄克功曾施用物质诱惑，企图正式成婚，刘茜对黄克功亦曾迭次采取拒绝的态度，但刘茜在开始确系半推半就，以致黄克功才放肆强迫求婚。

第二，刘茜是一个活泼的女青年，结交男人多，更使黄克功求婚心切。黄害怕失败，据向仲华同志说，黄克功事先曾商讨结婚如何不落空的事情，黄克功主张正式成婚，刘茜拒绝，并在女同学面前表明没有同黄克功恋爱之事，因此更使黄克功在失败中增加愤恨。

第三，据刘亚楼同志审讯，黄克功自己讲，在枪杀刘茜三五天前，曾写过三封信给刘茜，没有答复。又亲自找一次，没有找见。以后继续再去，据学校的材料，黄克功曾佩带枪，因黄求婚心切，大概被刘茜严词拒绝，黄克功即暗藏祸心，立寻刺杀之机。

根据徐松林同志在旁边过路，听到女子一句话说："黄克功不要动摇"，大概是劝黄克功不应为女子妨碍政治上的重大工作，在刘茜写给黄克功信上，也有这样词句，在黄克功自己的口供内，也承认刘茜五日晚上恶言相向，故定下枪杀之决心。

第四，黄克功由个人利益高于一切，认女子为私有财产的观念出发，不顾革命利益之损害到如何程度，都不能克服他的情欲所求。这种政治上之昏聩，革命意识全无，以致因恋爱不达目的而杀害人命。

（6）处理的意见

根据以上的推断，黄克功对刘茜实系求婚未遂，以致枪杀革命青年。在黄克功的主观上，虽属强迫求婚，自私自利无以复加。查黄克功曾系共产党党员，又是抗大干部，不顾革命利益，危害国家法令，损害共产党、红军的政治影响，实质上无异于帮助日本汉奸破坏革命。应严肃革命的纪律，处以死刑。特提向法庭公判。

此致

边区高等法院刑事法庭

检察机关代表

抗大政治部　胡耀邦

边区保安处　黄卓超

法院检察官　徐时奎

设置陕甘宁边区高等法院检察处
——《陕甘宁边区高等法院组织条例》

（收藏于陕西省档案馆）

（图片提供：陕西省档案馆）

　　这是 1942 年 7 月编辑出版的《抗日根据地政策条例汇集》，收藏于陕西省档案馆。其中收录《陕甘宁边区高等法院组织条例》（以下简称《条例》），对陕甘宁边区司法检察制度作出了规定。

　　1937 年 7 月，陕甘宁边区高等法院成立，谢觉哉任院长，此后不久雷经天代理院长。高等法院设检察官 1 人，徐世奎、刘临福先后担任检察官。1939 年 1 月 17 日—2 月 4 日，陕甘宁边区参议会召开

检察文物有话说

第一届第一次会议。会议决定在高等法院设置检察处。同年 4 月，陕甘宁边区政府公布《条例》。《条例》共 8 章 30 条，分别包括总则、组织、检察处、法庭、书记室、看守所、总务科、附则等内容。

《条例》第三章为"检察处"，共 3 个条文。第十二条规定："高等法院检察处，设检察长及检察员，独立行使其检察权。"第十三条、第十四条分别规定了检察长、检察员的职权。检察长的职权是：执行检察任务、指挥并监督检察员的工作、处理检察员的一切事务、分配并督促检察案件的进行、决定案件的裁定（侦查中的决定）或公诉。检察员的职权是：案件的侦查及裁定（决定），搜集证据，提起公诉并撰拟公诉书，协助或担当自诉，为诉讼当事人或公益代表人，监督判决的执行等。检察员在执行职务时，如有必要，可请当地军警予以帮助。

《条例》为陕甘宁边区检察长、检察员依法履职提供了法律依据。

（文字：闵 钐　骆贤涛）

【延伸阅读】

陕甘宁边区检察制度，在延安时期十三年的发展过程中，共经历了三种体制：中华苏维埃裁判部国家检察员体制、边区高等法院检察处体制和人民法庭检察员体制。其中，边区高等法院检察处体制，又包括三个不同时期：陕甘宁边区高等法院设立检察员时期、陕甘宁边区高等法院设立检察长时期和陕甘宁边区设立检察长时期。检察体制的变化，主要反映了不同时期政权体制和司法体制的变化。

（一）陕甘宁边区高等法院设立检察员时期

1937年8月至1939年3月，在边区高等法院内部设有检察员（1937年8月至1938年12月，检察员为徐时奎，又写作徐世奎），对案件先行审查，然后提起诉讼。1938年12月至1939年3月，检察员为刘福明。当时的检察员刘福明管生产，对检察制度没有发挥很大的作用。

这一时期，有些县设立有专门的检察员，有些县审判员兼任检察职务。在某些司法文书中，公诉机关为"公安处""保安科"等，刑事案件的侦查、起诉等工作，分散于检察员、公安处、保安科等部门。另外，在具体司法实践中，单位和群众团体的代表也可以担任检察人员，履行检察职责。

在黄克功等案件的审判活动中，检察机关代表既包括边区高等法院检察员徐时奎，也包括被告人所在单位抗日军政大学政治部代表胡耀邦以及边区保安处代表黄卓超。出席公审大会的检察机关代表是胡耀邦，判决书中署名的检察机关代表只有胡耀邦。检察机关卓有成效的工作，为案件的公正审理，发挥了重要的作用。

（二）陕甘宁边区高等法院设立检察长时期

1939年4月至1942年元月是陕甘宁边区高等法院设立检察长时期，陕甘宁边区任命了边区首任检察长李木庵。这一时期，边区高等法院的检察官先后由刘临福、刘福明担任。

1939年4月4日边区参议会颁布了《陕甘宁边区高等法院组织条例》，规定高等法院设立民事庭、刑事庭、书记室、看守所、总务科及检察处等部门，并规定："高等法院检察处，设检察长及检察员，独立行使其职权"，为检察制度的组织建设奠定了基础。但受战时环境影响，1941年李木庵被任命为边区高等法院检察处检察长，标志着边区高等法院检察组织建设取得了实质性进展。高等法院检察处的人员组成，除检察长李木庵外，尚有检察员刘福明、书记员蒙新，才使工作能有效开展。这一时期是陕甘宁边区检察实务开展的黄金时期。

（三）陕甘宁边区设立高等检察处时期

1946年4月至1947年4月，虽然检察处仍然设立在陕甘宁边区高等法院，但是称谓改变，由"边区高等法院检察处"改称为"边区高等检察处"，这一时期被称为"陕甘宁边区设立高等检察处时期"。

1946年4月4日，林伯渠在《边区建设的新阶段——陕甘宁边区政府对边区第三届参议会的工作报告》中，再次提出：今后民主政治建设的主要任务之一，是健全法律与制度，健全司法机关和检察机关。此后，边区第三届参议会第一次会议才决定设立检察机关，成立高等检察处，分庭和县设立检察员。

第三届参议会闭幕之后的4月28日，边区政府委员会提请边区参议会常驻会批准，乔松山为边区高等法院副院长，马定邦为检察长。

根据《陕甘宁边区高等法院组织条例》的规定：边区高等法院检察处设检察长1人和检察员若干人，检察员负责侦查案件，搜集证据，制作裁定，根据检察长的决定对案件提起公诉，撰拟公诉书。陕甘宁边区对于检察员的任命，坚持了严格的程序，即便是县司法处国家检察员，也必须呈报边区政府予以委任。

实践中，边区政府任命检察长的期间，两任检察长为李木庵和马定邦，时间加起来不足2年。3个时期设立检察员的时间，总计为7年，边区高等法院检察员的职数，自始至终只有1人，所以检察员工作的独立性较强。

即便在设立检察机构期间，并非全部案件都需要通过检察机关侦查、起诉，只有案情重大的普通刑事案件和政治类案件，以及有法律监督必要的刑事案件，检察机关才介入案件，履行检察职能。一般的刑事案件，经过公安机关的侦查，同时就起诉到了法院。对这类案件，公安机关的侦查和起诉是合一的，没有严格区分二者的不同。而且，边区司法的领导人表述这一现象时，使用的是"司法人员同时履行检察职权"。在没有提及公诉事项的判决中，明确描述了这类案件的审判程序：公安机关或者政府部门将案件提交法院，法院审理并予以判决。尤其轻微的刑事案件的处理程序，就更是如此，检察职能由审判人员自己完成。

李木庵的签名章

（图片提供：延安革命纪念馆）

  这是李木庵任陕甘宁边区高等法院检察处检察长、边区高等法院院长时使用过的签名章，二级文物，收藏于延安革命纪念馆。

  印章为骨质，印面边长 1.2 厘米，高 2.9 厘米，刻白文（阴文）

隶书"李木庵印"四字。镌刻简洁流畅，无边款。表面莹润光滑，色彩厚重凝润。1975 年由李木庵家属捐赠给延安革命纪念馆。

李木庵（1884—1959），湖南桂阳人。1925 年参加革命，同年加入中国共产党。1940 年 11 月任陕甘宁边区高等法院检察处检察长，后代理陕甘宁边区高等法院院长。

李木庵作为早期中国共产党人中少有的系统接受过现代法学教育的专业人士，在边区高等法院任职期间，积极推行以正规化为特征的司法改革。一方面，李木庵主持起草制定了《陕甘宁边区高等法院分庭组织条例》《陕甘宁边区县司法处组织条例》《陕甘宁边区刑事诉讼条例草案》《陕甘宁边区刑法总、分则草案》等法律法规。另一方面，健全检察体制，除检察行政事务仍由高等法院管理外，检察业务工作直接对边区参议会负责，受边区政府领导，各县设检察员 1 人。

新中国成立后，李木庵任中央人民政府司法部党组书记、副部长，中央法制委员会委员，中央法制委员会刑事法规委员会主任和全国政协委员。1959 年在北京逝世，终年 75 岁。

（文字：朱廷桢）

【延伸阅读】

　　1884年2月18日，李木庵出生于湖南桂阳东镇乡排楼村（今属正和乡）一个殷实家庭。李木庵自幼聪慧，勤奋好学，在家乡读私塾走传统功名之路，15岁考取秀才，有"少年天才"之称。后负笈长沙岳麓书院、京师国子监进修，又考入京师法政专门学堂，为中国最早一批系统接受过现代法学正规教育的专业人士之一。1925年，李木庵加入中国共产党，先是投身北伐战争，任国民革命军第十七军政治部主任。大革命失败后，李木庵被国民党通缉，被迫到上海从事地下工作，随时都有被捕的危险，家庭生活也极为拮据。1935年前后，李木庵受上海地下党组织委派到西安开展工作，到杨虎城部宪兵营任书记。中共西北特别支部成立后，李木庵任宣传委员，参与组织成立西北各界抗日救国联合会，任总务部负责人，领导开展西安地区抗日救亡运动。他参与推动张学良、杨虎城发动西安事变，是西安事变的积极参与者之一。

　　1940年11月，李木庵辗转到达延安，出任陕甘宁边区高等法院检察处检察长。1942年4月，陕甘宁边区政府党团会议决定让李木庵代理陕甘宁边区高等法院院长，李木庵主导的以司法正规化为核心内容的改革正式开始。这次改革的目的，李木庵说得极为清楚："提高边区的法制精神，切实执行边区的法令，使边区人民获得法律的保障，建立适合边区的司法制度。"这次改革主要涉及以下几方面内容：

　　第一，制定了一批法律法规。法律供给不足严重地制约着陕甘宁边区的司法环境，李木庵等抓紧制定最紧缺的法律法规。仅一年就制定了调解条例、复判条例、审限条例、县司法处组织条例、高等法院分庭组织条例、边区司法人员任用条例、保外生产条例、边区妨碍抗战动员处罚条例、监狱人犯保外服役暂行办法、监狱人犯夫妻同居暂行办法、释放人犯暂行办法、继承处理暂行办法等程序性法规。此外，还对已有的各种法规进行了整理汇编，使边区的司法审判有了必要的法律依据。

　　第二，健全司法体制。明确独立审判原则，边区县一级设立司法处，在政府领导下从事审判工作。李木庵起草了《陕甘宁边区县司法处组织条例（草案）》，对司法处的权限，司法处与高等法院、高等法院分庭之间的关系均作了清晰界定。边区地广人稀，交通落后，民众赴延安高等法院上诉极不方便，因而各地常有设立高等法院分庭的要求，方便群众诉讼的同时也健全了司法机关。边区事实上实行两审制，李木庵提出实行三审制的主张。李木庵认为，边区"司法技术错误多，增加一个审级关系人民的权利，多一审级就使人民多一次的希望权，这与判决死刑的人最有关系，各国民法上都有希望权的规定，我们用两级两审，而无三审是剥夺了人民的希望权，在法理上说不过去的"。在李木庵等的一再要求下，边区政府颁布政府令，设立审判委员会，受理第三审案件。此外，李木庵还规范了判决书的内容与格式。

第三，规范诉讼审判制度。李木庵发布了第七号指示信，要求"受理案件，无论是自诉或公诉必要有起诉书，当事人没有起诉书，由受理该案的机关为之代写，以便有案备查"。

第四，司法工作和司法人员专门化。在边区各级政府为了其他工作的需要随意借调司法人员一度成为"普遍现象"，给司法审判工作带来了较大冲击。为了保持司法人员的稳定性，李木庵特向陕甘宁边区政府建言不得随意借调审判人员，为此，陕甘宁边区政府专门发布命令：各该县凡担任司法工作之干部，如非万不得已时，不应随便调做其他行政工作。陕甘宁边区早期因审判人员文化水平较低加之对判决书本身不重视，司法实践中判决书写得较为随意，甚至没有判决书。为此，陕甘宁边区高等法院对判决书撰写进行了专门规定。李木庵还强调司法人员专业化，重视司法人员的培训，他说："办理司法干部培训班，调各县的干部来受训；延长时间为一年半，功课学完以后再实习半年才能毕业。"高等法院"设立法律研究组，将每月研究法律的提纲发给各县使之解答"，规定各县所有的检察员、书记员各写法律论文一篇、普通论文一篇，并进行检查评比，奖勤罚懒。李木庵主张司法要有一定程序，但又必须简便易行，应搞一些必要的手续，但又不能机械烦琐，要实在具体、便于执行。他陆续公布了一些切实可行、方便群众的法令等，以补充条例之不足，使边区诉讼制度进一步走向正轨和日益健全。

1948 年，李木庵随中共中央到达河北省平山县西柏坡，曾参加起草《中国人民政治协商会议共同纲领》和其他有关法律文件。新中国成立后，李木庵任中央人民政府司法部党组书记、副部长，中央法制委员会委员，中央人民政府法制委员会刑事法规委员会主任委员和全国政协委员。李木庵积极参与各级司法机关的组建工作，主持编写草案，参加惩治反革命条例、惩治贪污条例、婚姻法等法规的起草和审定工作。

李木庵的签名章

1946 年的一份 "起诉意见书"

——陕甘宁边区保安处周兴给马定邦检察长的信

（收藏于中央档案馆）

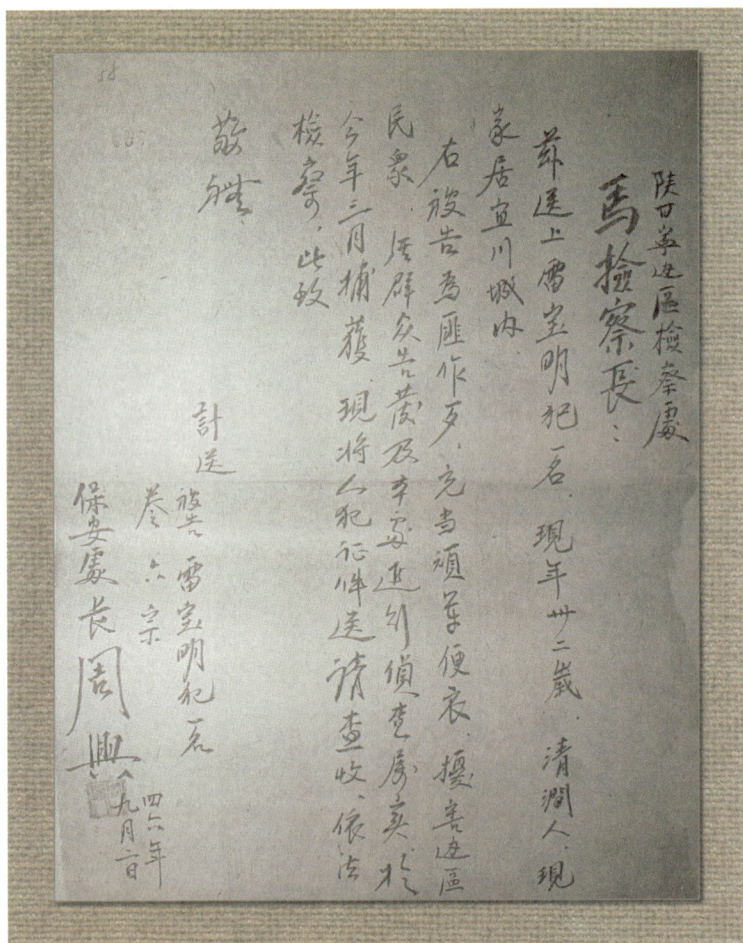

（图片提供：中央档案馆）

这是 1946 年 9 月 2 日陕甘宁边区保安处处长周兴写给陕甘宁边区高等法院检察处马定邦检察长的信，收藏于中央档案馆。信的内容是：

陕甘宁边区检察处马检察长：

　　兹送上雷宝明犯一名，现年卅二岁，清涧人，现家居宜川城内。右被告为匪作歹，充当顽军便衣，扰害边区民众，经群众告发及本处运行侦查属实，于今年三月捕获，现将人犯证件送请查收，依法检察。

　　此致
敬礼！
　　计送被告雷宝明犯一名，卷六宗。

保安处长　周兴

四六年九月二日

1946 年 5 月，边区第三届参议会常驻会任命马定邦为边区高等法院检察处检察长。同年 10 月，边区政府发布命令，改边区高等法院检察处为边区高等检察处，马定邦继续任检察长职务。雷宝明案的侦查终结、审查起诉就发生在这个阶段。

这封信文字非常简短，却具备了现在的起诉意见书的基本要素：犯罪嫌疑人信息、案件来源、侦查过程、犯罪事实、结论等，起到了对侦查终结的案件，经侦查机关负责人批准，连同全部案卷材料、证据，移送检察机关审查起诉的作用。

（文字：闵　钐　骆贤涛）

【延伸阅读】

马定邦（1908—1975），陕西延川人。1925年参加革命；1926年加入中国共产主义青年团；1927年转为中国共产党党员。1946年5月任陕甘宁边区高等法院检察处检察长、陕甘宁边区高等检察处首任检察长。新民主主义革命时期，曾任中共陕甘宁边区区委组织部科长，绥德行政督察专员公署副专员，中共黄龙地委、陕北区委组织部部长。新中国成立后，曾任中共陕西省委组织部副部长、党校校长，中共中央组织部处长，中共中央财贸部部务委员，国务院财贸办公室副主任兼中共中央财贸政治部副主任。

1927年，马定邦受上级指派，回乡以教书为名，与早期共产党员马俊英等在焦家河成立了秘密党支部，简称"定英支部"，扩大革命声势，壮大革命力量。马定邦先后任秀延县东区苏维埃政府秘书、中共秀延县委秘书等职。

1935年，红军长征到达陕北后，马定邦调任中央党校班主任。1937年，马定邦调到中共陕甘宁边区区委组织部，任科长等职。1939年1月，陕甘宁边区第一届参议会决定在边区高等法院设置检察处。1941年1月21日，陕甘宁边区高等法院检察处正式设立，李木庵任边区高等法院检察处检察长，刘临福为检察员。1942年1月，陕甘宁边区实行"精兵简政"，边区政府撤销了各级检察机关，检察处和各县检察员被一并裁撤，检察机关的职权根据案情分别由保安机关（公安机关）和司法机关代行，一般刑事案件统一由法院审理。实施"简政整编"不久，李木庵、张曙时、何思敬、朱婴首次联名向边区参议会常驻会提出恢复检察制度的提案；陕甘宁边区政府副主席李鼎铭先生也多次向陕甘宁边区政府提议恢复检察机关；1945年12月，陕甘宁边区司法会议提出重新建立检察机构。

1946年4月，陕甘宁边区第三届参议会上，边区政府主席林伯渠指出："必须健全司法机关和检察机关，司法机关对法律负责，进行独立审判，不受任何地方行政的干涉。"5月5日，陕甘宁边区第三届参议会常驻会决定在边区高等法院设置边区高等法院检察处，批准任命马定邦为高等法院检察处检察长；根据陕甘宁边区第三届参议会第一次大会关于健全检察制度的决定，陕甘宁边区政府发布《陕甘宁边区政府命令》，将陕甘宁边区高等法院检察处改为"陕甘宁边区高等检察处"，马定邦继续任检察长职务，任命刘临福、折永年等为边区高等检察处检察员。

1946年7月23日至8月7日，陕甘宁边区高等法院检察处召开首届检察业务研讨会议，由马定邦策划并主持。高等法院马锡五院长、乔松山副院长参加指导了会议，各分区到会检察员有：绥德分区黑长荣、关中分区杨直、三边分区陈继光、陇东分区王生弟及关中分区书记员李磊葆等。会议总结了以往检察工作经验，对此后检察工作的范围、组织机构、名称和各种工作制度进行了讨论研究。这是目前可查知的新中国成立前首次检察业务研讨会。

1946年10月19日，陕甘宁边区政府公布《陕甘宁边区暂行检察条例》，在检察体制上，首次以法律的形式规定高等检察处检察长领导全边区各级检察员，受边区政府领导，独立行使检察权，不再受高等法院领导。

这是党中央到达陕北后在陕甘宁边区第三次建立检察机构，这次建立的检察机构与以前的有很大不同：首先，在检察体制上实行"检审分立"制，彻底改变了以前"检审合署"或"配置制"的做法；其次，在领导关系上，直接受边区政府的领导，不再受高等法院领导。这是新中国成立前首次建立的独立检察组织系统，它标志着人民检察制度向独立体系迈出了重要的第一步。

审检分立的制度探索

——《陕甘宁边区政府命令（民字第六二号）》

（三级文物，收藏于延安革命纪念馆）

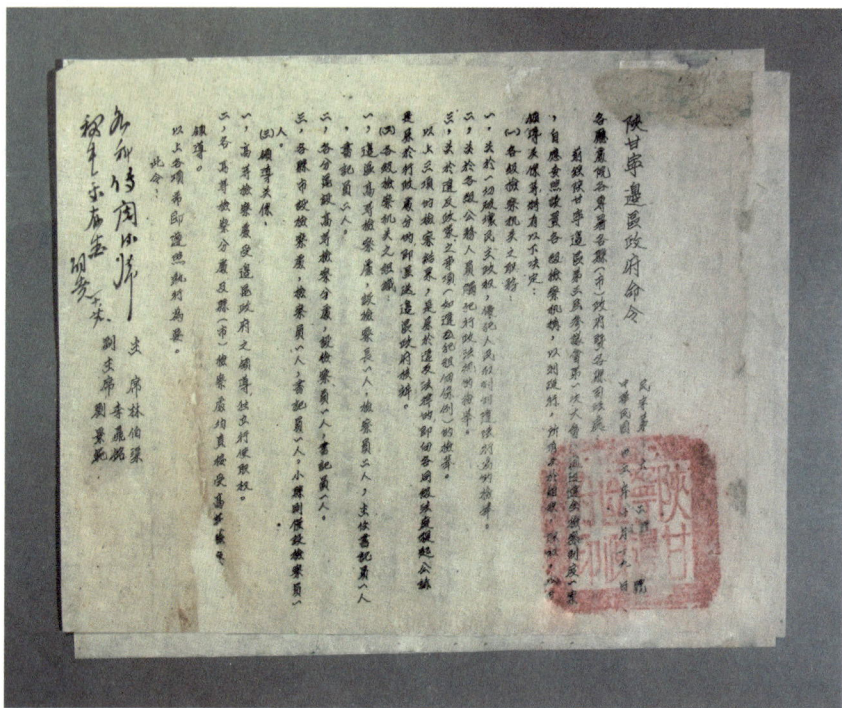

（图片提供：延安革命纪念馆）

这是《陕甘宁边区政府命令（民字第六二号）》（以下简称《命令》），三级文物，收藏于延安革命纪念馆。

根据陕甘宁边区第三届参议会第一次大会关于健全检察制度的决定，1946年10月19日，陕甘宁边区政府发布命令，设立"陕甘宁边区高等检察处"。《命令》对各级检察机关的职权、组织、领导关系作出了明确规定。

各级检察机关的职权是：（1）关于一切破坏民主政权，侵犯人民权利的违法行为的检举；（2）关于各级公务人员触犯行政法规的检举；（3）关于违反政策之事项（如违犯租佃条例）的检举。以上三项的检察结果，是属于违反法律的，即向各同级法庭提起公诉；是属于行政处分的，即送达边区政府核办。从上述职权范围来看，检察职权已经突破《陕甘宁边区高等法院组织条例》关于检察员职权的规定，超越刑事司法领域，对法律法令政策正确实施进行监督的内涵更为彰显。

各级检察机关的组织设置：（1）边区高等检察处，设检察长一人，检察员二人，主任书记员一人，书记员二人；（2）各分区设高等检察分处，设检察员一人，书记员一人；（3）各县市设检察处，检察员一人，书记员一人。小县则仅设检察员一人。

各级检察机关的领导关系：（1）高等检察处受边区政府之领导，独立行使职权；（2）各高等检察分处及县（市）检察处均直接受高等检察处领导。

《命令》的颁布是陕甘宁边区在检察制度上的重大突破，在检察体制上实行审检分立，改变了审检合署、配置检察官的做法。高等检察处受边区政府领导，独立行使职权。

（文字：闵 钐　骆贤涛）

【延伸阅读】

　　审判机关与检察机关平行设置的司法体制是中国特色社会主义司法制度的鲜明特征。早在延安时期，就开始了审检分立的制度探索。

　　1939 年 1 月，陕甘宁边区第一届参议会决定在陕甘宁边区高等法院设置检察处，内设检察长及检察员，直接受高等法院领导和管辖，独立行使检察职权。1941 年 1 月，检察体制有重大变化：检察工作直接对边区参议会负责，受边区政府直接领导，行政事务仍由高等法院管辖。1946 年 10 月，陕甘宁边区政府发布命令，将陕甘宁边区高等法院检察处改为"陕甘宁高等检察处"，各区分设高等检察分处，各县（市）设检察处。1946 年 11 月 12 日，陕甘宁边区政府发布命令明确各级检察机关之职权、组织及领导关系，规定高等检察处受边区政府的领导，独立行使检察权；各高等检察分处及县（市）检察处均直接受高等检察处的领导。陕甘宁边区检察体制从审检合署走向审检并立，为新中国检察制度建立完善提供了宝贵的历史经验。

　　以李木庵为代表的边区司法工作领导人，从边区司法的实践和新民主主义司法原则的角度，提出了审检分立的主张。支持分立者认为，检察机关有"保持民主政治的实施和进步"的任务，"断不是局促在一个法院内所能担负起来的，一定要独立对外，一定要独立行使其职权"。认为检察制度所具有的独立性，是其本身所具有的自然规律，也必然体现为机构体制上的独立。

　　审检分立的主张对新中国检察制度产生了影响。1949 年 12 月制定的《最高人民检察署试行组织条例》确立了检察署和法院分立的体制。1954 年《中华人民共和国宪法》的颁布，正式确立了我国人民代表大会的政权组织形式中"一府两院"的国家机构体制。

第一个检察制度单行法规

——《陕甘宁边区暂行检察条例》

（收藏于中央档案馆）

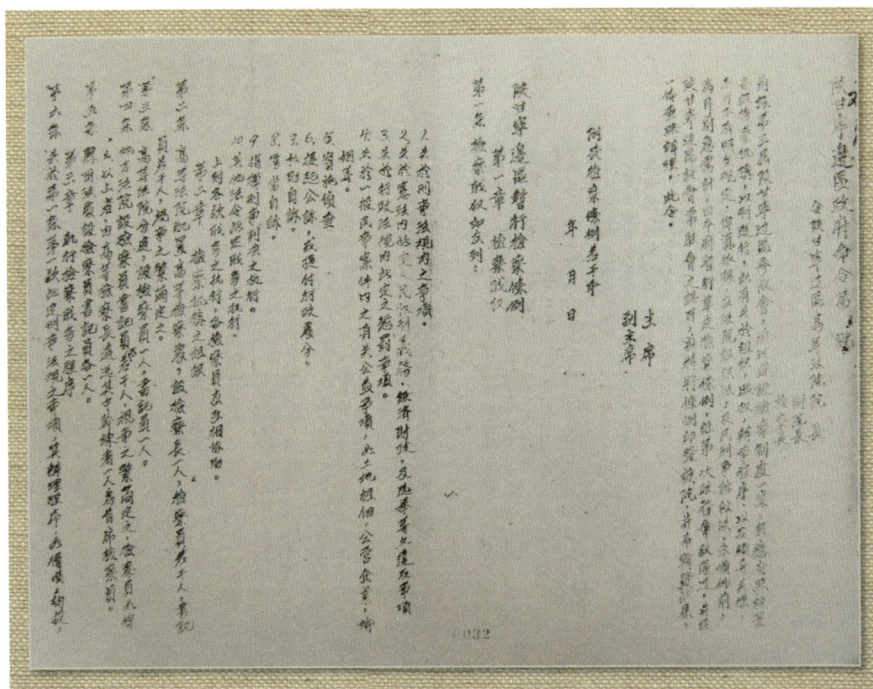

（图片提供：中央档案馆）

这是 1946 年 10 月陕甘宁边区政府颁布的《陕甘宁边区暂行检察条例》（以下简称《条例》），收藏于中央档案馆。

《条例》共 4 章 15 条，分别规定了"检察职权""检察机构之组织""执行检察职务之程序""领导"等内容。

关于检察职权：（1）刑事法规内的事项；（2）宪法内所定人民权利义务、经济财政及选举等的违反事项；（3）行政法规内所定的惩罚事项；（4）民事案件内的有关公益事项，如土地租佃，公营事业，婚姻等；（5）实施侦查；（6）提起公诉，或提付行政处分；（7）协助自诉；（8）担当自诉；（9）指挥刑事判决之执行；（10）其他法令所定职务的执行。在执行职务时，各检察员应互相协助。

关于检察机构的组织设置：（1）高等法院配置高等检察处，设检察长1人，检察员若干人，书记员若干人；（2）高等法院分庭，设检察员1人，书记员1人；（3）地方法院设检察员、书记员各若干人。如检察员有2人以上者，由高等检察长遴选其中1人为首席检察员；（4）县司法处设检察员、书记各1人。

关于执行检察职务的程序：《条例》根据检察职权，分别作出详细规定。一是刑事法规事项的办理程序，如传唤、拘提、调查、搜索、查封、勘验等，适用刑事诉讼程序。二是违反宪法、行政法事项的办理程序。检察员可检阅有关机关之文书、簿记、证物；与有关人接谈；如认为有提付行政处分的必要，制作意见书，连同文卷、证物送高等检察长查核；高等检察长审核后，如认为成立的，将意见书连同文卷、证物，呈送边区政府核办。三是民事案件中有关公益事项的办理程序：土豪恶霸，欺压佃农，逾额收租或无理夺佃，佃户畏势不敢声称的，检察员应实施检察。根据事项性质分别按照刑事诉讼程序或者民事诉讼程序办理；公营企业垄断、操纵、妨害大众生计或舞弊贪污，无人声诉的，检察员应实施检察。根据事项性质分别按照刑事诉讼程序或提付行政处分相关程序办理。四是协助自诉、担当自诉的办理程序。

关于检察机关的领导关系：高等检察长领导全边区各级检察员；高等分庭检察员领导所属各县检察员；地方法院首席检察员领导该院检察员；高等检察长由边区政府领导。

《条例》是第一个关于检察制度的单行法规，为陕甘宁边区检察机关依法履职提供了法律依据，在人民检察理论创新和立法实践上留下了浓墨重彩的一笔。

（文字：闵 钐　朱廷桢）

【延伸阅读】

体现以李木庵为代表的赞成检察机关从审判机关中分立出来主张的《陕甘宁边区暂行检察条例》（以下简称《条例》）于 1946 年 10 月 19 日公布。《条例》公布后并没有实际实施。《条例》公布后不久，国民党军队进攻延安，司法干部有的转入部队，有的去搞战勤工作，检察机关实际上无形取消。1947 年 3 月 19 日，胡宗南部队占领延安。1949 年 2 月 5 日，边区政府和高等法院联合决定，鉴于干部非常缺乏，检察制度可暂时不建立，其职务仍由公安机关和群众团体代为执行。但上述机关代行检察职务时，其职权应分清，关于汉奸、特务、内战罪犯、土匪等案件，其侦察的责任属于公安机关，罪犯的犯罪事实及证据确切后，即向司法机关提起公诉。假如侦察的结果证据不足，或犯罪不成立时，公安机关有权释放，司法机关不能干涉。经公安机关提起公诉的案件，司法机关即有权审判该案，根据情节轻重科刑宣判，公安机关可提出意见。如不同意司法机关判决时，公安机关可以上诉，民事案件群众团体代之。直到陕甘宁边区政府撤销，再没有建立检察机关。

检察权具有法律监督的功能，反映了人民检察制度中检察权的基本属性。从《条例》关于检察权的内容和范围的规定来看，人民检察制度中的检察权已经体现出了较多的"法律监督"色彩。《条例》文本中虽然没有出现"法律监督"一词，但是其内容却蕴含在"检察"一词中。《条例》突破了对刑事犯罪的侦查、提起公诉、协助或担当自诉、指挥刑事判决的执行等检察职权，拓展到提起民事公益诉讼、对违反宪法、行政法等违法行为的检举等方面，都体现了"法律监督"。

检察权的范围并不限于刑事领域。从《条例》的规定看，检察机关不仅对刑事犯罪有检察的职能，而且对违反宪法、行政法的有关违法行为也有检察的职能；检察权不仅对狭义的司法机关（法院）的司法权有检察（法律监督）的职能，而且对行政机关的行政权也有检察（法律监督）的职能；检察机关行使检察（法律监督）职能的时候，有依据诉讼程序进行检察（法律监督）的方式，也有在诉讼程序之外的检察（法律监督）方式。这些都是检察权具有法律监督属性的体现。

《条例》是人民检察历史上第一个关于检察制度的单行法规，无论是关于检察体制、职权、程序等制度性的建构，还是一些具体措施的创设，都具有开创性。

晋察冀边区检察制度

——《晋察冀边区法院组织条例》

（收藏于河北省档案馆）

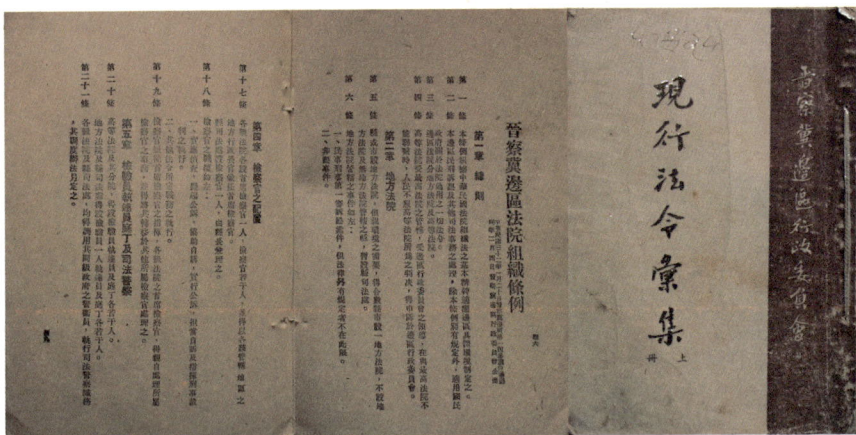

（图片提供：河北省档案馆）

　　这是 1946 年 7 月晋察冀边区行政委员会编辑的《现行法令汇集》，收藏于河北省档案馆。其中收录《晋察冀边区法院组织条例》（以下简称《条例》），对晋察冀边区司法检察制度作出了规定。

　　晋察冀边区是中国共产党领导的人民武装在敌后创建的第一个抗日根据地。1938 年 2 月 10 日，晋察冀边区成立临时高等法院，各县设司法处。同年 5 月，临时高等法院改组为司法处，各县设司法科。1943 年 1 月，晋察冀边区第一届参议会通过了《条例》，同年 2 月由晋察冀边区行政委员会公布施行。

　　《条例》规定，边区设高等法院，在行政督察专员公署所在地设高等法院分院（后改为法庭），在县或市设地方法院，不设地方法院又无地方法院管辖的县，暂设县司法处。

各级法院均设首席检察官 1 人，检察官若干人，首席检察官可由各该地区的地方行政长官兼任。县司法处只设检察官 1 人，由县长兼任。检察官职权有：实施侦查、提起公诉、协助自诉、实行公诉、担当自诉及指挥刑事裁判执行等。

《条例》为晋察冀边区检察官依法履职提供了法律依据。

（文字：闵 钐　朱廷桢）

【延伸阅读】

　　1938 年 2 月 10 日，晋察冀边区成立了临时高等法院。在其领导下，冀中设高等法院办事处，各县设司法处。不久，为了克服实际工作中存在的司法与政治任务脱节的现象，以保证各项抗日民主政策的贯彻落实，同年 5 月 1 日，边区临时高等法院改组为司法处，成为边区政府的组成部分，临时高等法院冀中办事处也相应改为边区政府司法处冀中分处，原县司法处则改为县政府司法科。1943 年 2 月 4 日，晋察冀边区行政委员会公布的《晋察冀边区法院组织条例》规定，边区设高等法院；县或市设地方法院，如果环境需要，可合数县（市）设一地方法院；不设地方法院又无地方法院管辖的县，暂设司法处。各级法院设首席检察官 1 人，检察官若干人，并得以各该管辖地区之地方行政长官兼任首席检察官；县司法处设检察官 1 人，由县长兼理之。

　　检察官的职权，一是实施侦查、提起公诉、协助自诉、实行公诉、担当自诉及指挥刑事裁判之执行；二是其他法令所定职务之执行。这些规定与国民政府的《法院组织法》（1932 年 10 月 28 日公布）第二十八条的规定完全一致。

　　各级检察官之间的关系是：高等法院首席检察官监督全边区之检察官；高等法院分院首席检察官监督该区域内之检察官；地方法院首席检察官监督法院之检察官；有监督权的检察官对于被监督的检察官有提起注意、警告和依法惩罚惩戒的处分权；各级法院之首席检察官得亲自处理所属检察官之事务，并得将其转移于其他所属检察官处理。上述内容也明显受到国民政府《法院组织法》影响。该法第三十二条规定："检察长及首席检察官得亲自处理所属检察官之事务并得将所属检察官之事务移转于所属其他检察官处理之。"

　　抗日战争时期，各抗日根据地的检察制度和检察职权在一定程度上受到了国民政府检察制度的影响。晋察冀边区高等法院设置的最高检察官不称"检察长"，而称"首席检察官"。从上述介绍看，其检察体制和职权等规定，均与国民政府检察制度基本相同。

晋察冀边区检察制度不仅实行配置制，检察官均附属于各级法院，而且实行司法与行政合一的体制，首席检察官甚至检察官由地方行政长官兼任。这一特点在 1943 年 2 月 12 日晋察冀边区行政委员会颁布的《关于边区司法机关改制之决定》中表现得更为突出：

　　各专员对于普通刑事案件，兼任高等法院在各该专区所设法庭之检察官：各县长、县佐对普通刑事案件，兼任县司法处之检察官，检察官均不另加委（任），但须加强检察工作。

各专员、各县长兼任检察官等做法可以说是受国民政府检察制度影响所致。据当年在山西平定县工作的老同志回忆，抗日战争时期，平定县县长曾以检察官身份起诉过案件。在战争年代，法制十分不健全，法律意识比较淡薄，专业法官、检察官的人员数量极少，实行行政长官兼任检察官也是与实际相适应的做法。

晋冀鲁豫边区检察制度

——《晋冀鲁豫边区高等法院组织条例》

（收藏于山西省档案馆）

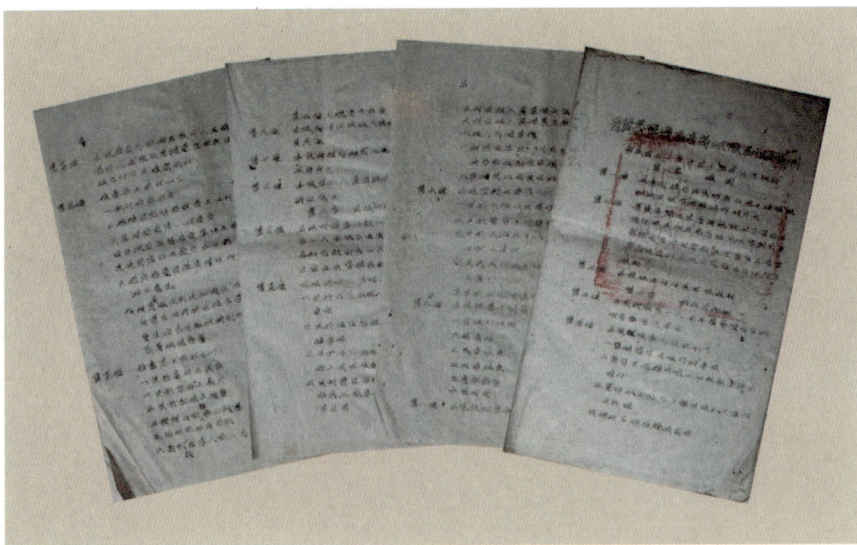

（图片提供：山西省档案馆）

这是《晋冀鲁豫边区高等法院组织条例》（以下简称《条例》），收藏于山西省档案馆。

晋冀鲁豫边区是中国共产党领导的敌后抗日根据地之一。1937年10月，八路军一二九师以太行山为依托，在晋冀鲁豫边区广大地区开辟抗日根据地。1941年7月，晋冀鲁豫边区临时参议会选举产生边区政权机关——晋冀鲁豫边区行政委员会。同年9月，边区高等法院成立；10月15日，晋冀鲁豫边区行政委员会颁布《条例》。

《条例》规定，高等法院是边区最高司法机关，在边区政府领导下独立行使职权。高等法院下设司法行政处、检察处、民事法庭、刑事法庭、书记室、看守所、巡回法庭和劳动感化院。

　　检察处设检察长1人，检察员若干人，由院长呈请边区政府任命，独立行使检察职权。检察长的职权是：执行检察职务，指挥并监督检察员的工作，处理检察员一切事务，分配并监督检察案件的进行，决定案件的裁定（侦查中的决定）或公诉，指定检察员莅庭陈述对于案件处理的意见。值得一提的是，对高等法院判决如有不同意见，检察长有权向边区政府提出控告，边区政府接受控告后可组织特别法庭审理或者发还高等法院复审。检察员的职权是：案件的侦查及裁定（决定），搜集证据，提起公诉并撰拟公诉书，协助或担当自诉，为诉讼当事人或公益代理人，监督判决的执行等。检察员在执行职务时，如有必要，可请当地驻军或公安部队予以协助。

　　《条例》为晋冀鲁豫边区检察长、检察员依法履职提供了法律依据。

（文字：闵 钗　朱廷桢）

【延伸阅读】

1941年7月，晋冀鲁豫边区行政委员会成立后，于同年9月1日正式成立边区高等法院，院长为浦化人。依据同年10月15日边区行政委员会颁布的《晋冀鲁豫边区高等法院组织条例》的规定，高等法院是全边区的最高司法机关，在边区政府领导下，独立行使司法职权。高等法院下设检察处负责检察事宜。检察处设检察长1人、检察员若干人，由高等法院院长呈请边区政府任命，独立行使检察职权。

检察长执行检察职务，指挥并监督检察员的工作，处理检察员的一切事务，分配并监督检察案件的进行，决定案件的裁决或公诉，指定检察员莅庭陈述对案件的处理意见。

检察员负责案件的侦查、裁定，收集证据，提起公诉、撰拟公诉书、协助或担当自诉，充当诉讼当事人或公益代理人，监督判决的执行。检察员在执行任务时，如有必要，可请当地驻军或公安队予以协助。

晋冀鲁豫边区司法检察制度中很有特色的一点是关于审判监督和特别法庭的规定。《晋冀鲁豫边区高等法院组织条例》第十五条规定，检察长对高等法院判决如有不同意见，有权向边区政府提出控告。对于检察长提出的控告，边区政府或者组织特别法庭予以审理，或者交还高等法院复审。这就赋予了检察长对法院判决进行审判监督的权力，而且高等法院的领导者——边区政府可以组织特别法庭予以审理。这不仅丰富了检察权的内容，而且为新中国检察机关审判监督权的确立提供了实践依据。从当时的"法统"角度看，边区高等法院的上一级司法机关应该是国民政府的最高法院，但是实际的领导权在边区政府。作出由边区政府组织特别法庭实行审判监督的规定，是结合边区政权和法制建设实际而采取的办法。

抗战进入相持阶段后，反"扫荡"、反"蚕食"斗争日趋激烈，为了适应严酷的战争环境，贯彻简政方针，晋冀鲁豫边区的司法机构及其职权相应有所变化。边区高等法院于1943年2月进行简政，除减缩人员编制外，在组织上取消了民事法庭、刑事法庭、检察处和看守所，合并成为审检处、行政处和教育处三个部门，并将某些职权交由专、县两级司法机关行使。1948年1月6日，晋冀鲁豫边区进行第二次整编时对检察机构进行了调整，设置了晋冀鲁豫审检厅，厅长为周玉成。1948年9月1日，晋察冀边区和晋冀鲁豫边区合并，成立华北人民政府，晋冀鲁豫审检厅也完成了它的历史使命。

检察长浦化人签发的一份通令

（收藏于山西省档案馆）

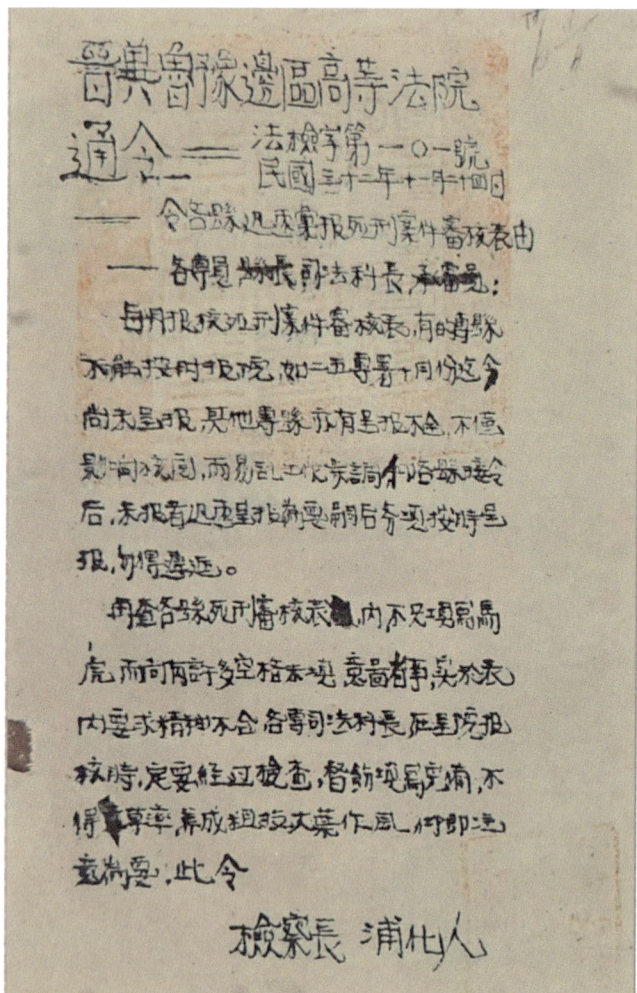

（图片提供：山西省档案馆）

这是 1943 年 11 月 24 日晋冀鲁豫边区高等法院院长兼检察长浦化人签发的《晋冀鲁豫边区高等法院通令（法检字一〇一号）》（以下简称《通令》），收藏于山西省档案馆。

《通令》的主要内容是要求各县迅速汇报死刑案件审核表。《通令》指出了工作中存在的问题：一是有的专县不能按时呈报死刑案件审核表。不及时呈报，或者呈报不全，不仅影响核阅，而且打乱工作步调。二是有的审核表填写马虎，"许多空格未填，意图省事"。《通令》要求，各县要按时呈报死刑案件审核表，勿得迟延。同时要求各专员、司法科长要担负起职责，在呈报时要检查，督饬填写完备，不得草率，养成粗枝大叶作风。

《通令》署名为"检察长　浦化人"。浦化人（1887—1974），江苏无锡人。早年毕业于上海圣约翰大学神学院，担任冯玉祥部队随军牧师。1927 年加入中国共产党。曾任中共上海中央局宣传部英文翻译，中共上海临时中央局委员、宣传部部长，延安新华通讯社英文翻译、社长，晋冀鲁豫边区高等法院院长兼检察长，北京外国语学校校长，中国人民救济总会监察委员会办公室主任，中国红十字会常务委员等职。浦化人是一名从基督教牧师成长起来的党的干部，毛泽东主席曾称他为"牧师同志"。

（文字：闵　钐　朱廷桢）

【延伸阅读】

浦化人，曾用名王养三、张培龄、张培林等，是一位中共党史和基督教会史上的传奇人物。

6 岁时，浦化人随父到上海，相继就读私塾、上海尚德学校、浦东中学、苏州桃坞中学等校。1915 年，从上海圣约翰大学毕业后到无锡执教。1916 年 11 月，到西安传道，主持教区事务，开设英文补习馆。1922 年，担任冯玉祥部队第七混成旅随军牧师。1923 年，到冯玉祥部设在北平南苑的培德女校任校长。1924 年 3 月回西安。1925 年，任西北军基督教协会副总干事及育德中学校长。1926 年 8 月，冯军败于直奉联军后，回到无锡老家。

1927 年 1 月，浦化人随西北军赴苏参观团到苏联参观。苏联浓厚的共产主义气氛给了浦化人新的感悟和思索，尤其是与当地在苏联学习的一批中国共产党党员的密切接触，极大地改变了他的思想。基督教信仰逐渐改变的同时，共产主义的伟大信仰开始在他的内心萌发。同年 4 月，浦化人在回国途中秘密加入中国共产党。

此后，浦化人任上海浦东区工会联合会主任，在中国济难会总会工作。共产党员和基督教牧师的双重身份，使得他的革命工作顺利开展，同时，董健吾也在浦化人的感化下，加入了中国共产党。1927 年大革命失败后，这两位牧师经中共组织安排重回上海参加党的地下工作，浦化人的住处就成为中共秘密联络点，经常接待当时在中共担任要职的王稼祥、秦邦宪等人。1930 年，浦化人被圣公会江苏教区免去了教职。在白色恐怖中，他依然担任中共上海中央局宣传部英文翻译。1935 年 3 月，担任中共上海临时中央局（也称五人团）委员，是主持日常工作的成员之一。5 月至 7 月，任中共上海临时中央局（也称三人团）委员、宣传部部长，险遭逮捕。同年 7 月，中共上海中央局、江苏省委再次遭到大破坏时，浦化人不幸被捕，关押于南京国民党中央军人监狱。后经冯玉祥出面营救，于 1936 年被保释出狱。

浦化人出狱后，在回家乡无锡途中路经上海，见到潘汉年，与党组织恢复了联系。抗日战争全面爆发后，1937年9月，任延安新华通讯社英文翻译、社长。1938年11月，随八路军第一二九师开赴太行山区，不久又到冀南和豫北，先后在第一二九师随营学校、第十八集团军总司令部和第一二九师司令部参议室从事政治教育和对开明士绅的统战工作。

　　1940年8月至1941年8月，浦化人任冀南太行太岳行政联合办事处委员。1941年7月，当选为晋冀鲁豫临时参议会参议员。此后任晋冀鲁豫边区高等法院院长兼检察长。

一份关于侦诉审关系的指示

——《晋冀鲁豫边区公安总局、高等法院关于公安司法部门工作关系的联合指示（法行字第二八号）》

（收藏于中国国家博物馆）

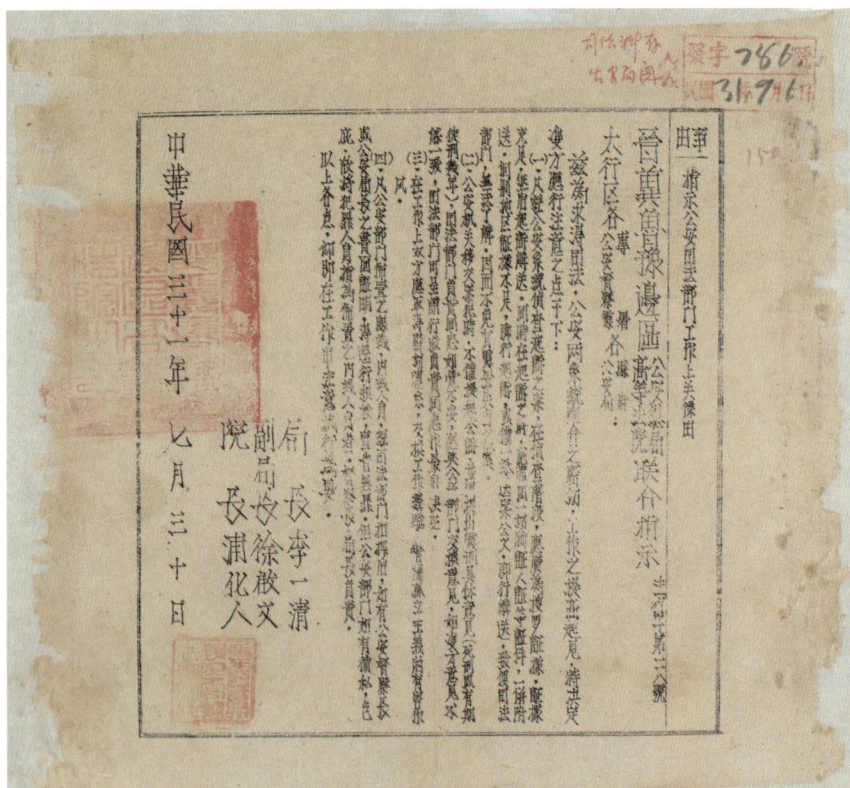

（图片提供：中国国家博物馆）

这是 1942 年 7 月 31 日发布的《晋冀鲁豫边区公安总局、晋冀鲁豫边区高等法院关于公安司法部门工作关系的联合指示（法行字第二八号）》（以下简称《联合指示》），收藏于中国国家博物馆。

　　1941 年 10 月，《晋冀鲁豫边区高等法院组织条例》颁布，高等法院检察处设检察长、检察员。在各专员公署和县，则由公安机关向司法机关起诉。为了进一步调整规范公安司法部门工作关系，力求双方密切配合、提高工作质效，边区公安总局和高等法院发布《联合指示》，其主要内容有四项：

　　一是关于案件证据的收集和移送。"凡经公安系统侦查起诉之案，在侦查阶段，应广为搜罗证据，证据充足，然后起诉解送。同时在起诉之时，应连同一切物证人证等证件，一并附送"。这一规定对全面收集证据、证据确实充分、侦查终结移送证据等提出了要求。

　　二是关于提出处刑意见。"公安机关移送案犯时，不仅提起公诉，并须提出处刑具体意见（死刑或有期徒刑几年），司法部门负责同志如觉不妥，应与公安部门交换意见。"

　　三是关于工作联系机制。"在工作上双方应取得密切联系，交换工作经验，警惕孤立主义的有害作风。"

　　四是关于公安部门布置的眼线、内线人员的处理问题。"凡公安部门布置之眼线、内线人员，经司法部门扣押后，如有公安督察长或公安局长之书面证明，得迳行释放，宣告无罪。但公安部门如有循私、包庇，故将犯罪人员指为布置之内线人员者，督察长、局长负责。"

　　《联合指示》为晋冀鲁豫边区公安司法机关处理刑事案件、完善侦诉审工作关系提供了规范指引。

（文字：闵 钐　骆贤涛）

【延伸阅读】

在晋冀鲁豫边区的各专员公署和县，由公安机关代行检察职权。在边区高等法院之下，边区所属专员公署和县政府各设司法科，负责审理民刑案件，管理司法行政事宜，但不承担检察职能，检察机关的职权由公安机关代为行使。

解放战争时期，据晋冀鲁豫边区《关于公安司法关系及城市管理分工的指示》规定："公安局代行司法部门的检察权，因此公安机关得执行其看管询问之职权，不限于24小时拘留权，预审清楚，以检察机关资格向司法机关起诉。"

当时边区的立法还规定了公安机关代行检察职权提起公诉时，有义务提出处刑意见。《联合指示》规定，公安机关移送案犯时，不仅提起公诉，并须提出处刑具体意见（死刑或有期徒刑几年），司法部门负责同志如觉不妥，应与公安部门交换意见。如双方意见不能一致，司法部门可呈请行政负责同志作最后决定。据此，公安机关起诉时应有具体的处刑意见。法律还赋予行政机关负责人对案件的最后决定权，也反映了当时司法与行政不分的时代特点。

华北人民政府成立后，为了适应革命形势的迅猛发展，严厉地、及时地肃清残余匪特、镇压反革命分子，在干部不足的情况下，一切刑事案件的侦查、逮捕、公诉等职权，暂由公安机关行使，这是在当时的特殊历史条件下采取的特殊措施。这一措施，虽有简便程序、节约时间和人力物力的可取之处，但也弱化了诉讼监督，对切实保障人权和人民利益不利，难以保证办案质量。正如华北人民政府司法部在工作报告中所总结的："由于事多人少，法院机构没专设调查或检察组织。办案上虽有时和有关部门联系，克服一些盲目性，但终是凭当事者所述材料解决的多，详细调查的少，形成办案粗糙及相当多的案件积压。"

如何认定及逮捕现行犯

——《晋冀鲁豫边区政府、晋冀鲁豫边区高等法院通令
（法行字一四七号）》

（收藏于中国国家博物馆）

（图片提供：中国国家博物馆）

这是 1942 年 10 月 14 日发布的《晋冀鲁豫边区政府、晋冀鲁豫边区高等法院通令（法行字一四七号）》（以下简称《通令》），收藏于中国国家博物馆。

1941 年 10 月，《晋冀鲁豫边区高等法院组织条例》颁布，高等

法院检察处设检察长、检察员。在各专员公署和县，则由公安机关侦查和起诉。针对边区公安司法实践中认定和逮捕处理现行犯中的问题，晋冀鲁豫边区政府和晋冀鲁豫边区高等法院联合发布了《通令》。

依据当时的《刑事诉讼法》第八十八条重申现行犯的规定：（1）正在犯罪过程或实施中者；（2）犯罪后即时发觉者；（3）被人追呼为犯罪人者；（4）持有凶器、赃物、违禁物者；（5）身体、衣服等处露有犯罪痕迹，显可疑为犯罪人者。《通令》明确了对现行犯的逮捕处理权限和程序：（1）现行犯不论任何人，均得迳行逮捕之，但须送县政府处理，其他任何个人或团体，不得越权处理；（2）现行犯如持有武器，而又抵抗拒捕者，任何人得枪杀之，惟须呈报区或县政权机关，转呈高等法院备案；（3）嫌疑犯得经区公所以上之政权机关之许可逮捕之，但须送县政府处理。

《通令》最后强调：更须民兵中群众中进行深入教育，要做到不放松一个现行犯，特别在战争中的汉奸、特务、抢粮及盗毁空舍清野之盗匪，携带毒品烟土之烟毒贩等现行犯；但另一方面须力戒滥行枪杀现行犯之倾向，凡现行犯不具备第三项之规定者，决不能随意枪杀。

（文字：闵 钐　骆贤涛）

晋冀鲁豫边区政府　晋冀鲁豫边区高等法院通令

法行字 147 号

对于现行犯之规定及逮捕处理办法

太岳行署、太行各专署县府：

近来各地对于现行犯之认识及逮捕处理，多有未当，今特通令解释规定于下：

（一）现行犯依刑事诉讼法第八十八条之规定，包括下列各种人：

甲：正在犯罪过程或实施中者。

乙：犯罪后即时发觉者。

丙：被人追呼为犯罪人者。

丁：持有凶器、赃物、违禁物者。

戊：身体、衣服等露有犯罪痕迹，显可疑为犯罪人者。

（二）现行犯不论任何人，均得迳行逮捕之，但须送县政府处理，其他任何个人或团体，不得越权处理。

（三）现行犯如持有武器，而又抵抗拒捕者，任何人得枪杀之。惟须呈报区或县政权机关，转呈高等法院备案。

（四）嫌疑犯得经区公所以上之政权机关之许可逮捕之。但须送县政府处理。

以上各项，仰即通令所属区村政权，及武委会等团体，更须在民兵中群众中进行深入教育。要做到不放松一个现行犯，特别在战争中之汉奸、特务、抢粮及盗毁空舍清野之盗匪，携带毒品烟土之烟毒贩等现行犯。但另一方面须力戒滥行枪杀现行犯之倾向，凡现行犯不具备第三项之规定者，决不能随意枪杀。即只持有武器而不拒捕者，或抵抗拒捕而未携有武器者，均只能逮捕，而不能枪杀。如有放任现行犯，或滥杀现行犯者，均须负责。此令！

主席　杨秀峰

副主席　薄一波　戎伍胜

院长　浦化人

检察委员会制度的发端
——《各级检察委员会组织条例》

（收藏于山东省档案馆）

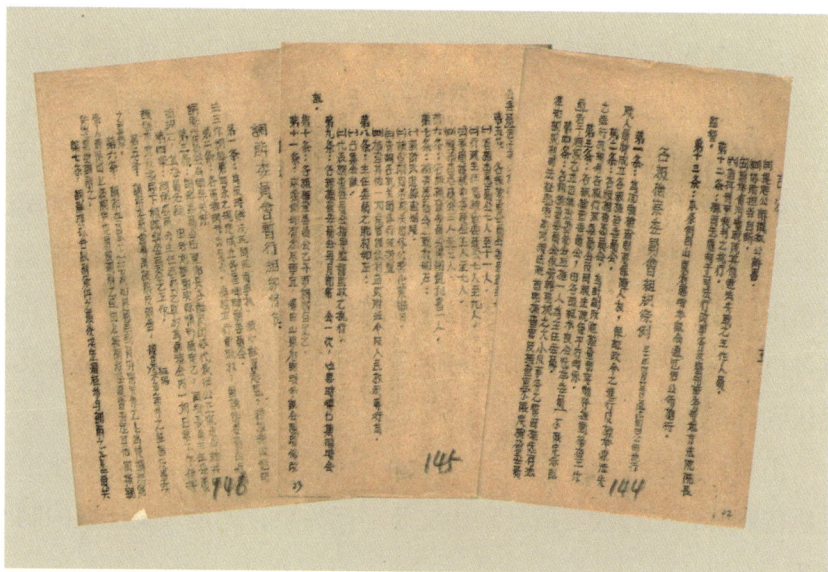

（图片提供：山东省档案馆）

这是 1941 年 4 月 23 日山东省临时参议会通过的《各级检察委员会组织条例》（以下简称《条例》），收藏于山东省档案馆。

1941 年 4 月 23 日，山东省临时参议会通过了《改进司法工作纲要》《条例》《山东省高级审判处暂行组织条例》等，都规定了一项新的制度——检察委员会制度，标志着山东抗日根据地检察委员会制度的诞生。

《改进司法工作纲要》第十一条规定："为发扬检察制度，贯彻法

187

律保障人权之精神，各级司法机关设置检察官若干人。为便于领导及加强检察工作起见，建立各级检察委员会，为领导、计划、推动各级检察官及一切检察工作。"这为建立各级检察委员会提供了法律依据。《条例》共 12 条，对检察委员会的宗旨、组织体系、人员组成、职权等作了详细规定。

《条例》第一条规定："为加强检察制度，保障人权，保证政令之进行，及检举违法失职人员，特成立各级检察委员会。"第二条规定："各级检察委员会，为计划改进检察制度，领导推进检察工作之进行机关，与各级行政委员会及同级法院系平行关系。"各级检察委员会委员由各级参议会选举产生，并推举一人为主任委员。省、行政主任区、专员区和县各级检察委员会委员数额分别为 7 至 11 人、7 至 9 人、5 至 7 人、3 至 5 人。各级检察委员会推选有法律知识或有司法经验者为同级法院首席检察官及检察官。在职权方面，各级检察委员会负责"设计改进检察制度、检察调阅各机关团体公营企业账目、查询各机关团体行政措置、调查其他一切危害国家利益、政府法令及人民权利等行为"。

山东抗日民主政权建设中产生的检察委员会，推选并领导检察官执行职务，与行政委员会和法院为平行关系，这是人民检察的制度创新。

（文字：闵 钐　朱廷桢）

【延伸阅读】

检察委员会制度是山东省抗日民主政权法制建设的一大历史贡献。《山东省改进司法工作纲要》规定，为发扬检察制度，贯彻法律保障人权之精神，各级司法机关设置检察官若干人。为便于领导及加强检察工作起见，建立各级检察委员会，领导、计划、推动各级检察官及一切检察工作。1941 年 4 月 23 日通过的《各级检察委员会组织条例》对检察委员会的组织、人员、职权等做了详细规定。

一是将民主集中制原则运用和体现在检察工作中，创造性地建立了委员会制的检察领导制度。主任委员的职权之一是召集会议。会议议决事项，应当是遵照民主集中制的原则，由检察委员会委员共同决定。

二是创造性地进行检察体系独立于行政机关和审判机关的探索，在法院配置检察官的情况下，建立领导检察官的检察委员会，使得检察官不受同级法院院长的领导，而是直接对检察委员会负责。检察委员会与行政委员会和法院的平行关系，实际上意味着检察独立体系的基本建立，尽管检察官还配置在同级法院。

新中国成立后，在检察机关贯彻民主集中制原则的机构设置上继承和发扬了这一做法。各级检察机关均设立检察委员会作为检察决策机构，讨论决定重大疑难案件和其他重大事项。山东抗日民主政权的检察委员会可以理解为是以委员会制形式出现的检察工作的领导机关，而现在的检察委员会则是在人民检察院内部设立的讨论决定重大案件和其他重大问题的决策机构。

一份珍贵的军事司法史料

——《山东省各级军事法庭组织条例》

（收藏于山东省档案馆）

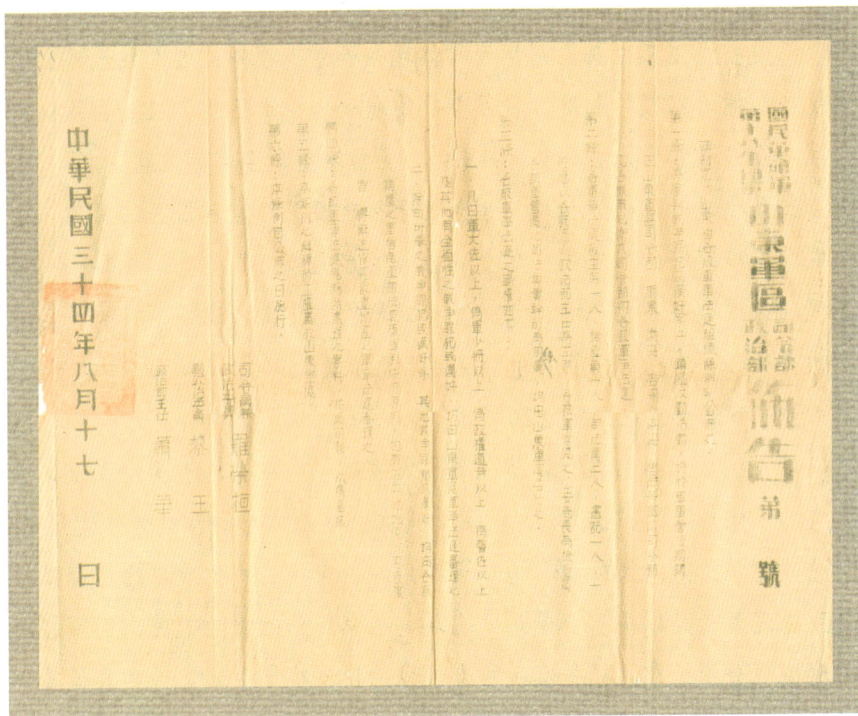

（图片提供：山东省档案馆）

这是 1945 年 8 月 17 日八路军山东军区司令部、政治部颁布的《山东省各级军事法庭组织条例》（以下简称《条例》），收藏于山东省档案馆。

革命军事法庭是革命武装组织的军事执法机关。早在土地革命战争时期，1931 年 9 月鄂豫皖区苏维埃政府颁布的《革命军事法庭暂行条例》规定，革命军事法庭"对于破坏红军（凡属所有革命武装）纪律与违背军事行政之事件，概得接受处理"。

1945 年 8 月 12 日，八路军山东军区、山东省政府制定《军事时期城市管理纲要》，规定组织军事法庭，审判战争罪犯。8 月 17 日，为审判战争罪犯及汉奸案件，镇压反动活动，山东军区司令部、政治部颁布《条例》。《条例》共六条，明确了军事法庭的目的、组织机构和职权等。

《条例》规定：军事管理期间，在山东军区司令部、胶东、渤海等军区司令部及各城市之卫戍司令部内各设军事法庭。"各军事法庭设主席一人，检察员一人，司法员二人，书记一人。"各级军事法庭之职权是：（1）凡日军大佐以上，伪军少将以上，伪政权道尹以上，伪警佐以上及其他有全省性的战争罪犯或汉奸，均由山东军区军事法庭审理。（2）其他战争罪犯或汉奸，均由捕获之军管区的军事法庭审理判决，如有其他地区作恶最重者，得解送作恶最重地区的军事法庭审理。《条例》颁布后，山东各地陆续建立了军事法庭，由公安局长兼任检察员在法庭中依法履行检察职责。

《条例》落款为司令员兼政治委员罗荣桓、副政治委员黎玉、政治部主任萧华。

（文字：闵 钐　周方园）

【延伸阅读】

山东抗日根据地的军事司法检察机构主要有军法处、军法会审委员会、军事法庭、临时特别法庭。

1. 军法处。1932年2月1日，中华苏维埃共和国中央执行委员会统一颁布的《中华苏维埃共和国军事裁判所暂行组织条例》规定，红军各级部队及地方武装指挥部，组织军事裁判所，审理红军中的刑事案件。抗日战争时期，军事裁判所改为军法处。1938年4月，胶东抗日救国第三军最早在黄县建立了三军军法处，起初只有六七人。此前，胶东没有锄奸组织机构，军法处是当时唯一的执法机关，同时又是司法锄奸机关。军法处是当时处理一切案件的司法机关，包括一切军纪、民刑诉讼，以至偷盗、花案、禁烟、查娼、侦查防奸等，无所不管。1939年，八路军政治部颁布《军法处工作条例草案》，规定军法处建立在各师、旅、军区、军分区及后方留守处政治部内。随后，山东部队陆续建立军法处。各级军法处内设1名检察员，负责检察和初审一切军政刑事案件。

2. 军法会审委员会。为了适应敌后战争环境，提高抗战纪律，密切军民团结，1942年7月，胶东主任公署成立后，在总结过去开展军法会审经验的基础上，与胶东军区会商，制定了《各级军法委员会组织及审理暂行条例》。条例规定，县至主任公署，设立军法会审委员会。军法会审委员会由县以上行政首长、县以上司法首长、代表军队或地方武装之营级以上军政首长，各级群众团体负责代表组成。军法会审的管辖范围为军人军属或地方武装部队犯罪直接侵害人民利益者；人民犯罪妨害军纪涉及部队利益或名誉者；军政首长认为必要或群众团体认为的其他犯罪。该条例在胶东施行两年后，1944年，省政委会和省军区在此基础上，也联合制定了《各级军法委员会组织及审理暂行条例》，全省适用。

3. 军事法庭。1945年8月12日，八路军山东军区、山东省政府制定《军事时期城市管理纲要》，规定组织军事法庭，审判战争罪犯。同年8月17日，为审判战争罪犯及汉奸案件，镇压反动活动，山东军区司令部、政治部颁布《山东省各级军事法庭组织条例》，规定军事管理期间，在山东军区司令部、胶东、渤海、鲁中、滨海、鲁南等军区司令部及各城市之卫戍司令部内部设军事法庭。各军事法庭设主席1人，检察员1人，司法员2人，书记1人，一般应以各军区政治部主任为主席，各该军管区之公安局长为检察员，各该军管区司法负责干部为司法员，均由山东军区委任之。

该条例颁布后，各地陆续建立了军事法庭。1945年8月31日，渤海行署要求，各级政府与锄奸公安部门迅速配合军事机关组织军事法庭。同年9月30日，令各县县长、县大队政委、公安局长、司法科长、各救会长共同组成"战犯汉奸审判委员会"，负责处理全县范围的战犯汉奸及该县敌伪物资及没收的汉奸财产。战犯汉奸审判委员会是各城市、卫戍司令部军事法庭的讨论决定机构，但结果必须呈报渤海区军事法庭批准执行。各县遵照渤海行署的指示，迅速成立战犯汉奸审判委员会。比如，博兴县抗日民主政府成立了一个由王觉民、王经楼、任芳亭、刘作恒、陈竹邦、马士良等7人组成的战争罪犯审判委员会。

4. 临时特别法庭。为彻底肃清汉奸战犯，山东省行政委员会会议于1946年5月24日颁布《山东省审理汉奸战犯暂行办法》。该办法规定，凡伪尉官以下伪大队副、伪县科长及其他委任级以下之政治的经济的文化的宪兵警察的特务汉奸战犯，均归当地县政府公安司法部门共同组织临时特别法庭审判之；凡伪少校以上伪大队长、伪县长及其他荐任级以上之政治的经济的文化的宪兵警察的特务汉奸战犯，应由该管专员公安司法部门共同组织临时特别法庭审判之；凡伪军旅长（少将级）以上、伪组织道尹以上及其他简任级以上之政治的经济的文化的宪兵警察的特务汉奸战犯，应由该管行政公署公安司法部门共同组织临时特别法庭审判之，省政府认为必要时，得直接命令提审或派员莅审；凡罪行重大之特务汉奸战犯，省政府公安司法部门得会同组织临时特别法庭审判之。处理汉奸战犯案件，各级公安机关负检举、侦察、控诉及执行死刑之责，司法机关负责搜集证据、组织审问、调查研究及依法判决之责。组织审判时，由该管行政主任负责人担任主审，司法及其他机关或团体代表担任陪审，公安局或公安督察员为临时法庭控诉人。

关东高等法院首席检察官印

（收藏于人民检察博物馆大连分馆）

（图片提供：人民检察博物馆大连分馆）

　　这是关东高等法院首席检察官印，印面边长 3 厘米，章体高 9 厘米，收藏于人民检察博物馆大连分馆，是关东高等法院首席检察官依法履职的见证。

　　关东解放区是第二次世界大战后，在苏联红军实行军事管制下的中国共产党领导的特殊解放区。1946 年 1 月，大连地方法院成立，于会川任法院院长兼首席检察官。1947 年 4 月，第一届旅大各界人民代

195

表大会召开，成立关东公署和关东高等法院，乔理清任高等法院首席检察官。同年 6 月，关东行政公署颁布《关东各级司法机关暂行组织条例草案》(以下简称《条例草案》)。

《条例草案》规定，关东高等法院设首席检察官及检察官若干人，地方法院或司法处（科）设检察官；首席检察官由关东人民代表大会选举产生，任期至下届关东人民代表大会选举后止，可连选连任。首席检察官由人民代表大会选举产生，开创了检察机关由国家权力机关选举产生的先河。

《条例草案》还规定，"关东所有各机关各社团，无论公务人员或一般公民，对于法律是否遵守的最高检察权，由检察官实行之。""各级检察机关不受其他机关及审判机关之干涉，独立行使其职权，只服从上级检察机关首长之命令。"

（文字：朱廷桢）

【延伸阅读】

为应对国民党接收旅大，同时也是为了加强关东地区的统一领导，粉碎国民党反动派的海陆封锁，1947年4月3日至4日，第一届旅大各界人民代表大会在驻旅顺苏军司令部召开，出席代表317名。会议决议成立关东公署和关东高等法院，撤销旅大行政联合办事处。会议选举乔理清为高等法院首席检察官，周旭东为高等法院院长。

1947年5月下旬，关东高等法院开始办公，内设秘书室、司法行政处、民事庭、刑事庭、编研室、检察官室，下辖大连地方法院、金县地方法院、旅顺市司法处（1947年10月撤销，在高等法院内设旅顺地方庭）和大连县司法科。高等法院成立之初，关东高等法院约有工作人员60余人，高仲达任秘书室秘书；孙乐宜任司法行政处处长兼刑事庭庭长；于亮任刑事庭副庭长；院长周旭东兼任民事庭庭长；何春风（又名何荣）任检察官室检察官。关东高等法院最初办公地址在旅顺洪光医院旧址（今旅顺口区和顺街45号，现为人民检察博物馆大连分馆）。同年6月，迁至旅顺伪民政署旧址（今旅顺口区长江路77号）。

关东高等法院的成立标志着包括检察机关在内的关东解放区司法机关的发展进入了一个新的历史阶段。

第一，关东高等法院的成立健全和完善了关东解放区的司法体系。关东高等法院成立前，关东解放区只有基层一级的审判和检察机关，大多数案件采取一审终审制。关东高等法院成立后，关东解放区才建立了两级两审终审制，有了相对完整的诉讼体系。

第二，关东高等法院成立后，关东解放区才真正在制度层面建立了自己的审判制度和检察制度。关东高等法院成立后，在院长周旭东、首席检察官乔理清的主持下，迅速制定出台了一大批规章制度，比较著名的有《关东各级司法机关暂行组织条例草案》（1947年6月29日由关东公署颁布实施）、关东高等法院《关于领导关系、分工负责及会议制度的决定》（1947年6月28日签发）、《关东高等法院各部门（庭、处、室）

工作条例》（1947年7月草订）等，这些制度明确规定了关东司法机关的产生、组织机构、人员配置、职责分工、领导制度、工作制度、会议制度，以及各司法机关之间的审级关系和案件管辖范围。特别是《关东各级司法机关暂行组织条例草案》（以下简称《草案》）专设一章，对检察机关的设置作出专门规定。《草案》第二十三条规定："关东各级司法机关分别配置检察官，高等法院设首席检察官及检察官若干人，地方法院或司法处（科）设检察官，如在二人以上者得设首席检察官，视工作之繁简得酌设书记官若干人。"第二十四条规定："关东高等法院首席检察官由关东人民代表大会选举之，任期至下届关东人民代表大会选举后止，连选得连任。"这些规定使检察机关的设立和工作开展有了制度保证。

第三，关东高等法院的成立使关东解放区的司法机关具有了比较明显的独立地位。在关东高等法院成立前，旅顺司法处和大连县司法科在市县政府的直接领导下开展工作，不具有独立性。即使是建立了独立办公机构的大连地方法院，在诸如行政、财政、党务甚至业务方面，都不是很独立。关东高等法院成立后，在其所起草的《草案》第三条明确规定："关东各市县司法机关均直接受关东高等法院管辖与领导。"第二十九条规定："各级检察机关不受其他机关及审判机关之干涉，独立行使其职权，只服从上级检察机关首长之命令。"在隶属关系上，关东高等法院虽然是关东公署的组成机构，却与公署秘书处和9个厅局不同，不归公署主席直接领导，具有一定的独立性。根据旅大地区首届各界人民代表大会通过的《旅大金各界人民代表大会关于关东公署的决议》规定，"关东公署主席以下设秘书处及下列各厅局：民政厅、财政厅、工业厅、商业厅、交通厅、教育厅、农林厅、卫生厅、公安总局"，作为关东最高司法机关的高等法院并不在此列。

第四，关东高等法院成立后，在旅大地委的领导下，陆续起草了30多部单项法规，为各级司法机关执法办案提供了充分依据，逐渐改变了之前主要依据国民政府制定的"六法"执法的局面。

关东高等法院成立后，关东解放区司法工作计划性明显得以加强，有力地推动了审判工作和检察工作的开展，办案数量和办案质量明显上升，各基层司法机关工作开展不平衡的局面也有效改善。在高等法院成立当年，即1947年，关东解放区两级司法机关共受理各类刑事案件1826人，比1946年上升了近70%。与此同时，大连地方法院所办刑事案件所占比重由1946年的84%下降到1947年的51.6%，金县地方法院和旅顺地方庭所占比重则分别由1946年的4%和12%上升到1947年的15.4%和24.3%。

戴炳南案公诉书

（收藏于山西省档案馆）

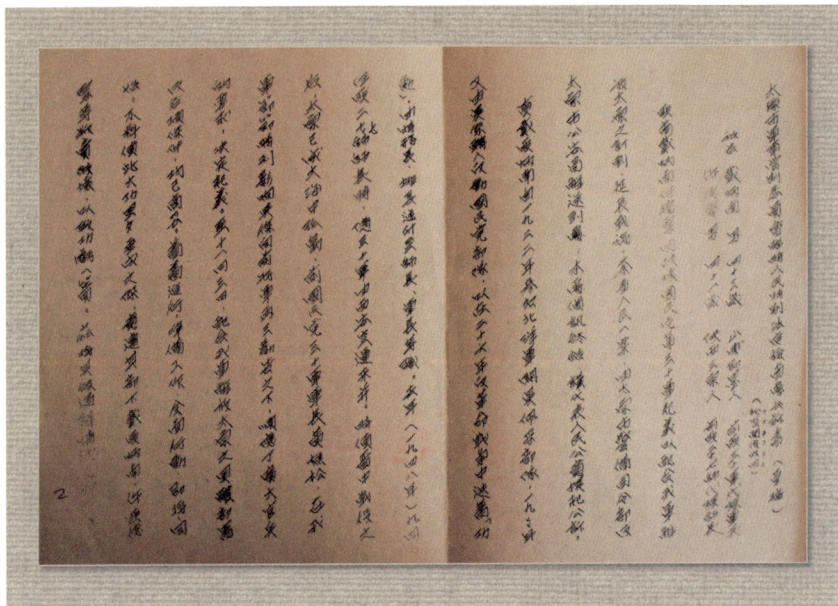

（图片提供：山西省档案馆）

这是戴炳南案公诉书（草稿），全称为"太原市军事管制委员会临时人民特别法庭检察处公诉书草稿（草稿）"，收藏于山西省档案馆。

1949年4月24日，太原解放，太原市军事管制委员会对山西旧机构进行接管和改制。同年7月1日，颁布《太原市军事管制委员会特别法庭暂行办法（草案）》，规定特别法庭检察处设首席检察官1人、检察官2人，首席检察官和检察官掌管"预审、侦查、公诉、辩论"等事宜。检察处在侦讯终结后，应制作公诉书，向特别法庭提起公诉，请求审理。

1949年7月8日，检察处将破坏太原起义的重大反革命案犯戴炳南、仵德厚向特别法庭提起公诉。该案由程谷梁任首席检察官，王林、李成瑞任检察官。戴炳南系国民党原三十军军长，仵德厚系原三十军二十七师师长，在国民党原三十军军长黄樵松准备革命起义时，戴、仵二人向阎锡山告密，致使起义失败，黄樵松将军和解放军参谋晋夫等被阎锡山扣送南京，惨遭杀害。

公诉书列明二被告身份，详细叙述其犯罪事实及其危害，阐明二被告的犯罪行为"使太原战祸延长，30万人民陷于饥馑、疾病、痛苦与炮火之中"，"对太原人民之一切灾难、损失、伤亡均应负重大责任"。公诉书最后请求特别法庭"根据人民要求、依照人民法律，各处以极刑，以答三晋人民公意而慰先烈之灵"。

（文字：闵 钐　骆贤涛）

【延伸阅读】

　　"戴炳南案"的首席检察官是程谷梁。程谷梁（1906—1955），原名奎栋，后改谷梁，山西阳泉郊区下荫营村人。1937年2月参加革命，5月加入中国共产党。1950年5月任山西省人民检察署检察长。曾任山西省太原市公安局局长、山西省财经委员会副主任兼任山西省政府工业厅厅长、中共山西省委常委、山西省公安厅厅长、山西省政府财经分党组副组长等职。中共七大候补代表。

　　程谷梁自幼勤学苦读，1931年至1934年就读于山西省立法学院（后改为山西大学法学院）经济系。在校期间，他参加中华民族解放先锋队，投身抗日救亡运动，主编《新平定》会刊，宣传抗日救国思想，批判国民党政策。1936年毕业后，程谷梁供职欧亚航空公司，负责中华民族解放先锋队山西省队部工作。1937年5月，程谷梁加入中国共产党，10月受组织委派到山西汾城开展工作，创建汾城抗日自卫队，后任中共汾城县委书记。1938年10月，山西政治保卫第二支队成立，程谷梁任政治部组织科科长、支队党的负责人。1939年3月，该支队被改编为"山西新军二一三旅"，程谷梁任政治部主任。

　　1939年12月至1940年3月，阎锡山发动"十二月事变"，进攻山西新军。程谷梁冲破阻挠返回旅部，率领部队突围，转战数百里，胜利到达太岳抗日根据地。此后，新军各部重新整编，程谷梁任决死一纵队政治部组织部部长。1941年，程谷梁被任命为太岳行署建设处处长，后赴延安中央党校学习。1945年，作为晋冀鲁豫代表团成员参加中共七大。解放战争时期，程谷梁历任太岳行署经济局副局长、中共太岳区党委社会部部长、太岳行署公安局局长等职，参加了解放太原战役。1948年12月，程谷梁任太原市政府公安局代局长，中共太原市委委员、社会部部长。太原市军事管制委员会颁布《太原市军事管制委员会特别法庭暂行办法（草案）》，程谷梁兼任首席检察官。1949年2月，程谷梁任太原市公安局局长，侦办了戴炳南、仵德厚反革命案，为肃清敌特分子、稳定社会治安作出重要贡献。1949 年 9 月 1 日，程谷梁被任命为中共山西省委委员、常委、山西省人民政府委员、山西省公安厅厅长。

1950 年 5 月 1 日，山西省人民检察署正式成立，程谷梁被任命为检察长。他着手推进全省检察机关的组建工作，到 1951 年 8 月，全省各市、县、工矿区基本建立起检察署，检察工作组织架构初步形成。程谷梁担任检察长期间，按照最高人民检察署部署，将镇压反革命作为工作重点，与公安、法院配合，集中打击反革命分子。仅半年时间，就审理了重大反革命案件百余件。

1951 年 9 月，山西省人民检察署发现一件杀人案件疑点甚多，提出"刀下留人，查清事实"的意见。面对当地政府的不理解，程谷梁决定由副检察长金长庚带队，对该案进行全面审查。经查发现，1951 年 1 月 19 日，赵城县四区区委书记靳书田枪杀妻子，伪造杀人现场，嫁祸于他人。在山西省人民检察署的努力下，纠正错捕 8 人，其中 5 人被判处死刑。这一冤案的翻案，受到最高人民检察署的表扬。

1951 年 11 月，山西省第一次检察工作会议召开，总结了贯彻执行中央关于镇压反革命运动方针政策和办理各类案件的情况。12 月 5 日，山西省人民检察署对临汾县一区南席村烈属张三元被兵痞流氓张金生等陷害致死一案进行调查。查清真相后，由中央政法组西北组和最高人民检察署、最高人民法院于 1952 年 10 月 14 日对张金生判处死刑。

1952 年 6 月 26 日，遵照中共中央、中央人民政府指示，山西省人民检察署会同有关单位成立了"调查日本战争犯罪分子罪行联合办公室"，接收了 136 名日本战犯，开启了历时 4 年的侦讯工作。

1952 年 10 月 10 日，中央人民政府政务院第一百五十四次政务会议通过，免去程谷梁兼任检察长的职务。1955 年 4 月 10 日，程谷梁积劳成疾，病逝于太原。为表彰他对人民解放事业和山西人民政权巩固所作的重要贡献，经国务院批准追认他为革命烈士。

罗荣桓检察长的任命通知书

（收藏于中国人民革命军事博物馆）

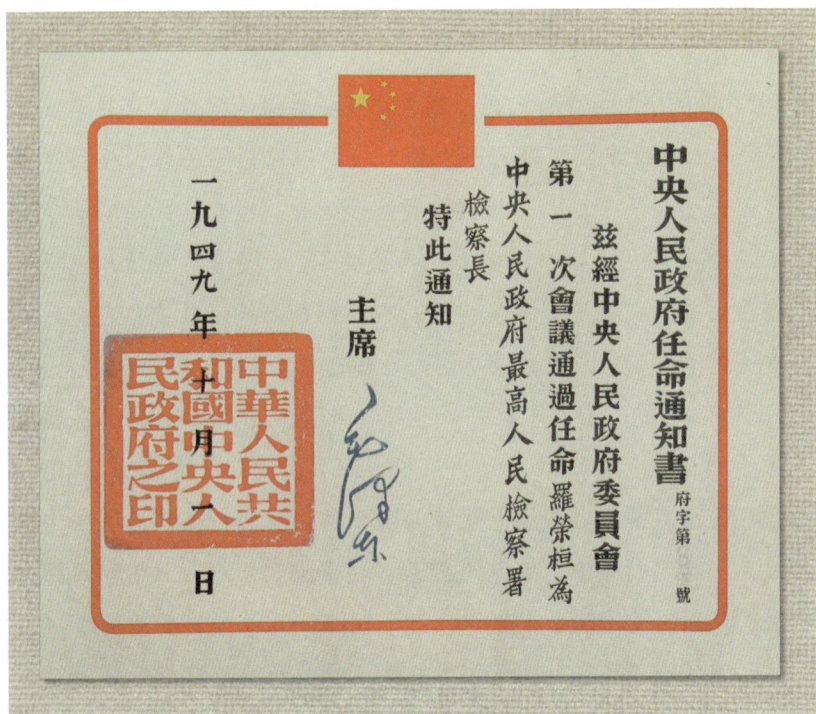

（图片提供：中国人民革命军事博物馆）

这是罗荣桓检察长的任命通知书，收藏于中国人民革命军事博物馆。

1949年9月21日，中国人民政治协商会议第一届全体会议在北平召开。根据新的国家职能，决定成立最高人民检察署，为国家最高检察机关。10月1日，中华人民共和国中央人民政府委员会第一次会议召开，罗荣桓被任命为最高人民检察署检察长。10 月 22 日，最高人民检察署检察委员会议举行第一次会议。罗荣桓宣布最高人民检察署成立，并部署制定检察署工作组织大纲，建立机构，开始工作。

罗荣桓是新中国第一任检察长，为共和国检察事业奠定坚实基础。毛泽东对罗荣桓给予很高的评价。1963 年 12 月罗荣桓因病逝世，毛泽东写下了《七律·吊罗荣桓同志》：

记得当年草上飞，红军队里每相违。
长征不是难堪日，战锦方为大问题。
斥鷃每闻欺大鸟，昆鸡长笑老鹰非。
君今不幸离人世，国有疑难可问谁？

（文字：周方园）

【延伸阅读】

1902年11月26日，罗荣桓出生于湖南省衡山县一个叫南湾的山村。1914年，年少的罗荣桓进入罗氏岳英小学读书，在学校具有新思想的老师的教导下，他开始关心国家命运。

1919年夏，罗荣桓到长沙读中学。时任湖南督军的张敬尧滥发纸币，横征暴敛，对学生和工人运动残酷镇压，激起了各界人士的强烈愤慨，于是各界群众联合起来，举行了声势浩大的"驱张运动"。进入中学的第一学期，罗荣桓便参加了抵制日货和"驱张运动"，第一次经受了反帝反封建斗争的洗礼。

1927年4月中旬，蒋介石发动"四一二"反革命政变。在最危险的时刻，革命队伍中许多不坚定分子纷纷脱离了革命，而罗荣桓却在这年5月，加入中国共产主义青年团，不久转为中共党员，毅然投入革命的洪流。

1927年7月初，罗荣桓被党派往湖北通城开展农运工作。七一五政变爆发，罗荣桓开始进行农民自卫军的组织工作。之后，带着这支自卫军参加了秋收起义。1927年9月，罗荣桓随起义部队来到文家市，第一次见到了毛泽东。9月22日，部队到达江西永新三湾村并进行了有名的"三湾改编"。改编后的工农革命军共有7个连队，罗荣桓任特务连党代表，成为我军最早的7个连党代表之一，也是最早同毛泽东相识、唯一一位从连党代表做起的共和国元帅。

1929年12月28日，红四军党的第九次代表大会在福建省连城县古田村召开。会上，经毛泽东提名，罗荣桓当选为红四军前委委员。抗日战争爆发后，他又出任一一五师政治部主任、政委。

1933年9月，罗荣桓被任命为扩红突击队总队长，率领突击队到乐安、宜黄扩红。在工作中他强调，要坚持说服教育，反对强迫命令，向群众讲清武装保卫苏维埃政权的意义；要优待红军家属，搞好代耕。罗荣桓注意总结这些经验，使人民军队动员工作一套做法开始形成。之后，随着革命的发展，罗荣桓又多次承担起招兵买马的工作，展现了出色的组织动员能力。

1939年年初，按照中央部署，时任政委的罗荣桓与师长陈光率领一一五师主力进入山东，经过努力，取得了在山东合法驻兵的地位。罗荣桓在山东一待就是7年，对于其7年间的功绩，毛泽东在1962年曾有过评价："山东只换上一个罗荣桓，全局的棋就下活了。山东的棋下活了，全国的棋也就活了。山东把所有的战略点线都抢占和包围了——北占东北，南下长江。"

1949年10月1日，中华人民共和国中央人民政府委员会第一次会议召开，罗荣桓被任命为最高人民检察署检察长。10月22日，最高人民检察署检察委员会第一次会议在中南海勤政殿召开，罗荣桓主持了会议，宣布最高人民检察署成立。罗荣桓在会上指出："检察署的工作是一个全新的工作，首先应制定检察署工作组织大纲，从速建立机构，开始工作。"

在长期的战争生涯中，罗荣桓负过很多次伤，1946年7月还摘除了长了肿瘤的左侧肾脏。早在1949年2月，罗荣桓去西柏坡向中共中央书记处汇报工作时，毛泽东就曾征询他是否可以出任新中国的公安部部长，当时他解释说："身体状况不好，血压高，脑血管硬化，恐难胜任。"1949年11月10日，罗荣桓致信毛泽东："毛主席，我继续在休养治病中。据苏联大夫诊断，还要一个时期不能工作。检察长之职务是否可以由李六如同志代理，以便其主持一切，请指示。"毛泽东批示："安心休养，李六如代理检察长。"1954年9月，第一届全国人民代表大会第一次会议召开，张鼎丞被选为新任检察长。这次会议上，罗荣桓被选为全国人大常委会副委员长。

新中国检察第一印

（收藏于人民检察博物馆）

（图片提供：人民检察博物馆）

　　这是 1949 年 11 月 1 日启用的最高人民检察署印，是最高检察机关颁布批准检察法令、命令、指示、法律文书时，钤印公文的凭证信物，也是新中国成立时中央政府制作的系列政府部门印信之一。这枚印章印体厚 2.2 厘米、边长 6.9 厘米、柄长 9.4 厘米。印面中 14 个字为宋体，搭配对称、严谨，字迹隽秀清晰、美观大气。这枚印信见证了新中国成立初期人民检察事业的光辉历程。

（文字：朱廷桢）

【延伸阅读】

1949 年 10 月 1 日，中华人民共和国成立，并发布《中华人民共和国中央人民政府公告》：……接受中国人民政治协商会议共同纲领为本政府的施政方针。……任命……罗荣桓为中央人民政府最高人民检察署检察长，并责成他们从速组成各项政府机关，推行各项政府工作。

1949 年 10 月 19 日，中央人民政府委员会第三次会议任命李六如、蓝公武为最高人民检察署副检察长，任命罗瑞卿、杨奇清、何香凝、李锡九、周新民、陈少敏、许建国、汪金祥、李士英、卜盛光、冯基平 11 人为委员。由检察长、副检察长和委员共 14 人组成中央人民政府最高人民检察署检察委员会议。在上述 14 人中，有共产党干部，也有民主党派成员和无党派人士。

属于共产党员的有：罗荣桓、李六如、罗瑞卿、杨奇清、陈少敏、许建国、汪金祥、李士英、卜盛光、冯基平 10 人。罗荣桓此前任中国人民解放军华中军区政治委员兼第四野战军政治委员。李六如此前任东北人民政府司法部部长兼人民法院院长。其他多数是已经在公安系统担任要职的。例如，罗瑞卿为公安部部长，杨奇清为公安部副部长，许建国为天津市公安局局长，汪金祥为东北行政区公安部部长，李士英为上海市公安局局长，卜盛光为武汉市公安局局长，冯基平为北京市公安局副局长。

民主党派和无党派人士有 4 人。蓝公武为无党派人士，此前任华北人民政府副主席兼民政部部长。何香凝为中国国民党革命委员会中央常务委员。李锡九为中国国民党革命委员会中央监察委员。周新民为中国民主同盟中央委员。共产党干部和民主党派及无党派人士共同组成了检察委员会议，这也反映了新中国成立初期较多民主人士参与国政的政治特点。

1949 年 10 月 22 日，最高人民检察署检察委员会议在中南海勤政殿举行第一次会议。会议由罗荣桓检察长主持，全体成员出席。罗荣桓检察长宣布最高人民检察署成立，在讲话中指出，检察署的工作，是一个完全新的工作，首先应制定检察署组织大纲，从速建立机构，开始工作。会议对建立组织机构和配备干部等问题进行了讨论，推举李六如、蓝公武、罗瑞卿、杨奇清、周新民5人为检察署组织大纲起草人，蓝公武为召集人。1949年11月1日，最高人民检察署启用印信，正式办公，机关设在北京司法部街72号，即现天安门广场人民大会堂东门所在位置。

新中国第一部检察法规

——《中央人民政府最高人民检察署试行组织条例草案》

（收藏于中央档案馆）

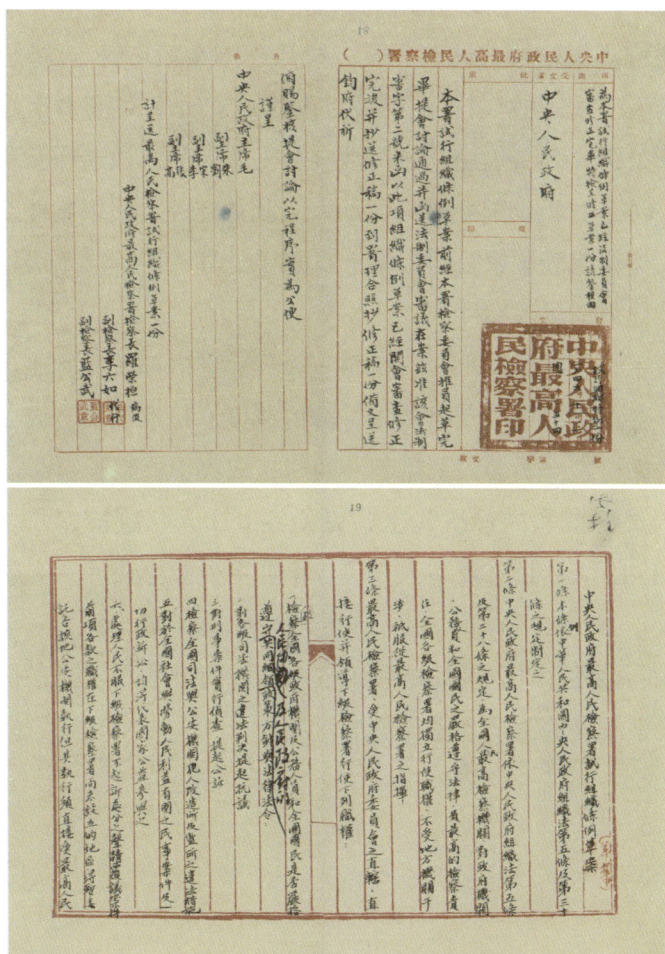

（图片提供：中央档案馆）

这是 1949 年 11 月最高人民检察署向中央人民政府呈送的《中央人民政府最高人民检察署试行组织条例草案》（以下简称《试行组织条例草案》），收藏于中央档案馆。

《试行组织条例草案》共 16 条，规定了检察机关的职权范围、领导体制，最高人民检察署的人员配置、内设机构及与有关部门的关系等。

在职权上，规定最高人民检察署直接行使并领导下级人民检察署行使下列职权：（1）检察全国各级政府机关及公务人员和全国国民是否严格遵守人民政协共同纲领及人民政府的政策方针与法律、法令。（2）对各级司法机关之违法判决提起抗议。（3）对刑事案件实行侦查，提起公诉。（4）检察全国司法与公安机关犯人改造所及监所之违法措施。（5）对于全国社会与劳动人民利益有关之民事案件及一切行政诉讼，均得代表国家公益参与之。（6）处理人民不服下级检察署不起诉处分之声请复议案件。

在上下级领导体制上，实行垂直领导。在内部领导体制上，实行检察委员会议与检察长负责制相结合的制度。检察委员会议以检察长为主席，如检察委员会议意见不一致时，取决于检察长。

在人员配置和内设机构上，设检察长 1 人，副检察长 2 人，委员 11 人至 15 人，秘书长 1 人；设 3 个业务处及办公厅、人事处和研究室。

《试行组织条例草案》经毛泽东主席审阅批准后发布，这是新中国关于检察制度的第一个单行法规。

（文字：闵 钐　朱廷桢）

【延伸阅读】

　　1949 年 11 月 2 日，最高人民检察署第二次检察委员会议通过《中央人民政府最高人民检察署试行组织条例》，并报请中央人民政府审批。同年 12 月 20 日，中央人民政府毛泽东主席批准了《中央人民政府最高人民检察署试行组织条例》（以下简称《试行组织条例》），这是新中国第一部关于检察制度的单行法规。

　　在 1949 年 10 月 22 日的会议上，决定推举李六如、蓝公武、罗瑞卿、杨奇清、周新民 5 人为检察署组织大纲起草人，蓝公武为召集人。起草小组很快拿出了草案。从起草到主席批准试行，还不到两个月时间，体现了极高的工作效率。

　　《试行组织条例》共 16 条，对检察机关的领导体制、最高人民检察署的职权、内部组织体系、机构设置、工作制度等作出了规定。

　　《试行组织条例》首次确立了审检并立和垂直领导的检察领导体制。《试行组织条例》第二条规定：中央人民政府最高人民检察署依《中央人民政府组织法》第五条及第二十八条之规定，为全国人民最高检察机关，对政府机关、公务人员和全国国民之严格遵守法律，负最高的检察责任。全国各级检察署均独立行使职权，不受地方机关干涉，只服从最高人民检察署之指挥。

　　据此，地方各级检察机关都在最高人民检察署的领导、指挥下开展工作。这里所说的垂直领导，不仅是检察业务上的上下级领导，也包括经费、人员等方面的上下级领导。不过，此次确立的垂直领导体制存续时间并不长，到 1951 年 9 月时，则变更为双重领导体制。

　　《试行组织条例》第三条规定：最高人民检察署受中央人民政府委员会之直辖，直接行使并领导下级检察署行使下列职权：

　　一、检察全国各级政府机关及公务人员和全国国民是否严格遵守人民政协共同纲领及人民政府的政策方针与法律、法令。

　　二、对各级司法机关之违法判决提起抗议。

三、对刑事案件实行侦查，提起公诉。

四、检察全国司法与公安机关犯人改造所及监所之违法措施。

五、对于全国社会与劳动人民利益有关之民事案件及一切行政诉讼，均得代表国家公益参与之。

六、处理人民不服下级检察署不起诉处分之声请复议案件。

前项各款之职权，在下级检察署尚未设立的地区，得暂委托各该地公安机关执行，但其执行须直接受最高人民检察署的领导。

据此，最高人民检察署的职权有：（1）一般监督；（2）审判监督（限于违法的判决）；（3）刑事案件的侦查和公诉（此时尚未对检察机关和公安机关侦查案件的范围作出区分）；（4）监所检察监督；（5）民事行政检察公益诉讼；（6）复议审查，对不起诉处分的审查。

以上各项，前五项为检察权所涉及的各个领域，既有一般监督权，也有司法监督权（如审判监督、监所检察监督等），而第六项并不属于单独的检察职权，可以包含在公诉权的范畴内。

《试行组织条例》还规定在检察署尚未设立的地区，可委托该地区公安机关执行检察权，同时受最高人民检察署的领导。这是基于当时检察机关尚处于筹建阶段的实际情况作出的规定。根据李六如在《检察制度纲要》中的说明，"委托公安机关代行检察事务，但其职权，只限于刑事范围"。

《试行组织条例》第四条规定：最高人民检察署设检察长1人、副检察长2人、委员11人至15人，由中央人民政府委员会任命之。副检察长及委员之人数，得由最高人民检察署检察长呈请中央人民政府委员会增减之。第五条规定：最高人民检察署检察长主持全署事宜。副检察长协助检察长执行职务。第六条规定：最高人民检察署设秘书长1人协助检察长、副检察长处理署务，联系各处工作，督促本署决议事项之执行并领导办公厅工作。

《试行组织条例》第七条规定：最高人民检察署委员会议，以检察长副检察长、秘书长与委员组成之，以检察长为主席。如检察委员会议意见不一致时，取决于检察长。第八条规定：最高人民检察署委员会议，议决有关检察之政策方针、重大案件及其他重要事项，并总结经验。第十三条规定：最高人民检察署委员会议每月举行一次，由检察长召集之，必要时得提前或延期召集。

新中国第一本检察专著

——《检察制度纲要》

（收藏于中国社会科学院法学研究所）

（图片提供：中国社会科学院法学研究所）

这是 1950 年 1 月时任最高人民检察署副检察长李六如所著《检察制度纲要》（以下简称《纲要》），收藏于中国社会科学院法学研究所。

《纲要》共 18 页，共约 1 万字，分为五个部分，分别是："检察之起源及作用""资本主义各国的检察""社会主义苏联的检察""各新民主主义与新中国的检察""对各种检察制度之分析批判与说明"。

《纲要》以马克思主义法学理论为指导，按照社会的阶级性对各种检察制度进行了分析。阐述检察制度发展演进的普遍性和必然性，认为 14 世纪法国诞生检察制度后，无论资本主义、社会主义、新民主主义，都有检察机关。在分析资本主义各国的检察、社会主义苏联的检察以及新民主主义的检察后，阐述了新中国检察的发展方向，并结合中国实际提出了初步思考。《纲要》认为，新中国检察应是"把检察作为单独的法律上的监督，而不是审检毗连的配偶性机关"。采取民主集中制原则的委员会制度，不同于苏联的总检察长制。《纲要》还明确提出和使用了一些重要的法律概念，如"法律监督""一般监督""司法监督"等。

《纲要》作为新中国第一本关于检察制度的书籍，在司法检察业务培训中广为使用。

（文字：周方园）

　　1887年，李六如出生在湖南省平江县。青年时期受同盟会的思想影响，赴湖北武昌报考陆军学堂，后加入新军。他在新军中积极开展革命活动，创办《商务日报》，为以后发动武昌起义打下了坚实的思想基础。此后李六如赴东京留学，结识了许多因"二次革命"失败而逃亡日本的中国革命党人，如谭政、林伯渠等，他们放弃了督军梦想，不进士官学校而进入明治大学攻读政治经济学，以同盟会会员的身份申请加入了中华革命党。

　　1918年秋，李六如秉持实业救国理念，回国在故乡开办织布公司，极力提倡贫民教育，后去长沙教书，以文会友，写了不少关于社会改良的政论文章在《大公报》上连载。由于在平江和长沙的革命活动，李六如成了当时相当知名的进步分子，引起了毛泽东的注意。1921年冬，经毛泽东、何叔衡介绍，李六如加入中国社会主义青年团，不久转为中国共产党党员。李六如利用湖南省教育会、湖南省平民教育促进会负责人这一公开、合法身份大办工人夜校。在国共合作期间，李六如曾任中国国民党湖南省党部委员，在湘军中积极慎重地开辟党在思想战线的领地。

　　1927年，李六如同夏明翰到平江组织秋收武装暴动，以平江、浏阳为中心的湘鄂赣苏区得以创立。1930年，李六如被调往中央苏区，他利用日本留学专攻经济学的专长，鼎力协助邓子恢、毛泽民创建国家银行，曾任中华苏维埃共和国临时中央政府税务局局长、国家银行行长，成为苏区"红色财神"。

　　1934年10月红军长征后，李六如被留在中央苏区从事中央政府后方办事处工作，与红军游击队一道，转战在赣南山区打游击。后来，李六如在《吉安日报》获得一个职位，却因被他的学生出卖而被捕，受尽折磨，直到西安事变才被释放。他设法找到八路军办事处，于1937年10月来到延安，被分配到毛泽东主席办公室任秘书长。自国共合作、一致抗日后，陕甘宁边区日益为全国乃至全世界所瞩目，国内外人士频繁来往，大批革命青年和爱国人士涌入延安，李六如作为毛泽东主席办公室秘书长，做了大量接待工作，还编写了《陕甘宁边区实录》《各苏区土地问题》报告等。1940年，李六如再次发挥财经特长，兼任中央财经指导处处长，给毛泽东起草《经济问题与财政问题》等文件。

1945年8月，他前往东北热河担任中共热河省委常委，着力于巩固地方政权，支援前线，转送中央派往东北经过热河的干部。1946年夏，李六如到哈尔滨担任东北财经办事处的副主任，创办了东北财政经济干部学校。1948年10月，李六如被任命为东北司法部部长兼东北人民法院院长。

1949年10月，李六如被任命为最高人民检察署副检察长，不久李六如代行最高人民检察署检察长职务，全面主持最高人民检察署工作。上任伊始，李六如即主持起草了《中央人民政府最高人民检察署试行组织条例》（以下简称《试行组织条例》），《试行组织条例》试行不到两年，李六如又组织起草了《最高人民检察署暂行组织条例》和《各级地方人民检察署组织通则》。截至1950年年底，最高人民检察署设在全国五大行政区的检察分署已全部建立，并在一些重点专区和市、县建立了人民检察署。

新中国成立后，中央决定废除国民党的"六法全书"，全面学习苏联司法制度。李六如对于向苏联学习这件事很重视，也很务实。他多次向专家们虚心讨教，与专家们一起研究列宁关于国家的学说。与此同时，李六如也清楚地看到，在历史渊源、文化背景、国家体制、经济发展程度以及国民素质等基本国情方面，中国与苏联之间存在很大差异。据此，他一再提醒，在学习苏联检察工作成功经验这件事上，正确、有效的做法应当是"借鉴"，而不是"照搬"。为此，李六如以我国的具体国情为基本点，主持制定了一些检察方面的法律法规、工作制度，都是科学借鉴苏联的成功经验形成的，因而符合我国实际情况，便于贯彻执行，收效也比较明显。

1950年7月26日至8月11日，第一届全国司法会议召开，由审判机关、检察机关、公安机关和司法行政机关参加，这也是新中国第一次全国司法工作会议。李六如代表检察机关在会议上作了题为《人民检察机关的任务及工作报告大纲》的报告。

在"三反""五反"运动中，各地检察机关把检察起诉国家工作人员的贪污案件和不法资本家的经济犯罪案件，作为自己的一项重要任务。李六如要求将沈阳市检察署关于全市贪污案件情况的调查分析专题报告通报给全国各级检察署，供各地借鉴和参考。通过一系列卓有成效的工作，检察机关在国家政治生活中的地位更加巩固，成为国家体制中不可缺少的一部分。

1954年，最高人民检察署更名为最高人民检察院，选举张鼎丞为最高人民检察院检察长，已经67岁的李六如卸下工作重担。这时，李六如开始创作自传体长篇小说——《六十年的变迁》。早在延安时期，他就在酝酿这部小说，他利用工作之余的零星时间，写了三本札记。此后辗转多地工作，情况紧急需要轻装时，都没舍得丢弃札记里的半张纸。1957年和1961年，人民文学出版社出版了《六十年的变迁》第一卷、第二卷。1958年3月，经作家严文井介绍，71岁的李六如加入了中国作家协会。在撰写第三卷过程中，"文化大革命"开始，写作被迫中断。1973年4月10日，时年86岁的李六如含冤离世。粉碎"四人帮"后，中共中央为他平反昭雪。

检察制度启蒙读物

——《新中国检察制度概论》

（收藏于中国国家博物馆）

（图片提供：中国国家博物馆）

这是董必武的藏书《新中国检察制度概论》（以下简称《概论》），经家属捐赠，现收藏于中国国家博物馆。

《概论》出版于 1950 年 5 月，作者陈启育，时任最高人民检察署研究室秘书。《概论》有 4 个部分，分别是"导言""资本主义国家及旧中国时代的检察制度""社会主义苏联及新民主国家的检察制度""新民主主义中国检察制度的建立和任务"，共约 2.2 万字。《概论》体例与《检察制度纲要》近似，在资料介绍方面有所扩充。

《概论》对如何结合中国实际情况建立检察制度提出了独到见解："由于条件的不同，不能完全和社会主义苏联的检察制度相同……不应该而且也不可能去凭空虚构，或者随便移植，而必须适应于当前的现实和一定的历史条件，才有可能使这种制度发挥预期的效能。"这也从一个侧面反映出在新中国成立初期，在学习借鉴苏联检察制度方面，就有了较为清醒的"以我为主、为我所用"的思想自觉。在检察机关职权方面，《概论》根据《中央人民政府最高人民检察署试行组织条例》第三条的规定作了概括和阐发。

　　《概论》作者陈启育在撰写书稿后，报请最高人民检察署副检察长李六如、蓝公武，秘书长周新民等同志予以审阅和校改。《概论》作为新中国检察制度的启蒙读物，在宣传介绍检察制度方面发挥了积极作用。

（文字：骆贤涛）

【延伸阅读】

陈启育在《新中国检察制度概论》一书中，根据《中央人民政府最高人民检察署试行组织条例》第三条的规定，对检察机关的职权作了概括和阐发：

（1）监督全国各级政府机关、公务人员和全国国民是否严格遵守《共同纲领》，及人民政府的政策、方针、法律、法令和决议等；

（2）镇压反动，严密注意暗害分子；

（3）保障人权，督责守法；

（4）对刑事案件，有实施侦查、检举、提起公诉之权；

（5）对于有关国家利益及劳动人民之正当权益等民事案件，有参与之权；

（6）对于法院的判决，如认为不当时，有提出抗诉之权；

（7）对于监所及劳动改造所之措施，有监督之权。

以上概括颇有理论价值。其中第一项为一般监督；第二项为当时政法的中心工作；第三项"保障人权，督责守法"，有法纪检察（渎职侵权检察）的内容，也有侦查监督的内容。第四项涉及检察机关的侦查权和公诉权。当时绝大多数刑事案件是由公安机关侦查的。"凡属于危害集体安全和公共利益的刑事案件，经告诉、告发、自首及其他发觉，得为追诉之根据而进行调查……如检举对象为公务人员，应与所属机关之负责人员协同调查"。这里为检察机关侦查案件的范围作了初步解释，大体上检察机关侦查的对象是侧重于公务人员，涉及的案件是关于集体安全和公共利益。"集体安全"的提法，到后来演变为检察机关侦查重大安全责任事故中的渎职犯罪，以及"重大责任事故案"。第五项涉及民事检察公诉。在劳资纠纷中，有损害工人之重大利益时，为保护工人权益起见，检察机关亦可参与此种案件，此为检察机关的"公益诉讼"。第六项为检察机关对于法院的审判监督。第七项则为监所检察。

检察训练班纪念章

（收藏于人民检察博物馆）

（图片提供：人民检察博物馆）

　　这是最高人民检察署西南分署检察训练班第二期纪念章，收藏于人民检察博物馆。纪念章日期为 1951 年 11 月，圆形，直径 3.5cm。中间是笔和书籍，封面印有"人民检察"，下方印有"结业纪念"，顶部有五角星，周围是谷穗和齿轮。

　　最高人民检察署大行政区分署，是最高人民检察署的派出机构，是与新中国成立初期我国大行政区制相适应的检察机构建制。按照《各级地方人民检察署组织通则》，大行政区分署属于各级地方人民检察署之一。1950 年 3 月至 9 月间，最高人民检察署西北、华东、中南、东北、西南五大分署相继成立。其中西南分署于 9 月 18 日成立，周兴任检察长。

1950 年 9 月 4 日，中共中央向全党发出了《关于建立检察机构问题的指示》，强调检察机关是人民民主专政的重要武器，必须加以重视。要求检察干部必须"政治优良、能力相当、作风正派"。为贯彻落实中央指示，西南分署及时向西南局请示，提出具体举措。同年 9 月 20 日，西南分署在向最高人民检察署的工作汇报中提出，要"一方面建立充实机构，一方面有计划有步骤有重点地建立工作，并预计在今年内办一小型训练班，分署在职干部配合学生一面学习业务，一面摸索工作"。

1951 年 1 月 12 日，《人民日报》刊发社论《加强人民检察工作》，指出"一般检察干部对于检察业务还很生疏"，"已经建立的若干单位，由于缺乏干部，还无法开展工作。各级政府应尽力调配干部，帮助训练与培养干部。由于检察机关的性质，所调配的干部必须是品质纯洁和有坚定原则性的"。抓紧训练培养干部，是筹建中的人民检察署的一项重要工作。

这枚纪念章是新中国成立初期检察机关训练培养干部的见证。

（文字：闵 钐　骆贤涛）

【延伸阅读】

新中国成立后，地方各级检察机关从1950年开始建立，得到了党中央、中央人民政府和毛泽东主席的关怀和重视。1950年1月29日，中央转发《关于中央人民检察署四项规定的通报》，要求"先将各大行政区及所属之省与主要市、县的检察机关有重点地次第建立"。同年2月21日，中央人民政府毛泽东主席批准《最高人民检察署一九五〇年工作计划纲要》。鉴于当时人民解放战争还没有完全结束，法制建设只能适应当时的形势需要，对于检察工作来说，在组织建设上采取重点建立、积累经验、创造条件、逐步发展的方针。按照国家行政区划自上而下地建立检察机构。因此，在3月至9月间，最高人民检察署大区分署逐步建立起来。

3月，最高人民检察署西北分署成立。检察长张宗逊，原任西北军政委员会财政经济委员会副主任。副检察长茹欲立，原任西北军政委员会委员；副检察长郭步岳，原任人民解放军第一野战军政治部保卫部部长。4月22日，最高人民检察署华东分署成立。检察长魏文伯，原任中国共产党中央华东局秘书长。副检察长周碧泉，原任人民解放军东北军区政治部组织部部长。4月29日，最高人民检察署中南分署成立。检察长朱涤新（任职到1951年9月），原任中南军政委员会委员、武汉市人民政府公安总局局长。副检察长周光坦，原任中原临时人民政府民政部副部长。5月，最高人民检察署东北分署成立。检察长汪金祥，原任最高人民检察署检察委员会议委员、东北人民政府委员兼公安部部长。副检察长李东冶，原任中国共产党热河省委员会委员、热河省人民政府公安厅厅长。9月18日，最高人民检察署西南分署成立。检察长周兴，原任中国共产党中央西南局委员。

1949年10月1日中央人民政府成立后，接管华北人民政府所属各省、市，所辖各部会。1951年12月28日，中央人民政府设"政务院华北行政委员会"，代行华北一级地方政府工作，确定华北列为大行政区一级。1952年11月，中央撤销其他五大行政区人民政府和军政委员会，统一设华北、东北、西北、中南、华东、西南6个中央人民政府行政委员会。全国正式划有六大行政区。1954年4月7日，中共中央政治局扩大会议决定撤销大区一级党政机关，各大区行政委员会随同各中央局、分局一并撤销。6月19日，中央人民政府委员会第三十二次会议通过《关于撤销大区一级行政机构和合并若干省、市建制的决定》。随后，各大区便将权力部分上交中央，大部分移交给省、市；人员也向中央机关和省市地方分流。移交工作在10月份全部完成。

　　大行政区的分署，是最高人民检察署的派出机构，是与新中国成立初期我国大行政区制相适应的检察机构建制。到1950年底，全国50个省、直辖市和省一级行政区有47个建立了检察机构，并在一些重点专区和市、县建立了人民检察署，调配干部1000余人。到1953年，组织建设有进一步发展，省一级人民检察署已全部建立，专区和省辖市人民检察署建立了196个，占应建立的69%，县（市、区）人民检察署建立了643个，占应建立的29%。

四枚印章见证地方检察工作的变迁

（二级文物　收藏于江苏检察历史文化教育基地）

（图片提供：江苏检察历史文化教育基地）

这四枚印章分别是苏南人民检察署、苏北人民检察署、南京市人民检察署和江苏省人民检察署的印章，二级文物，收藏于江苏检察历史文化教育基地。四枚印章均为方形圆柄，印面边长 6 厘米，为制作精良的黄铜铸造，印文为阳文繁体老宋。

1949 年 10 月，最高人民检察署成立后，各省相继成立检察署。当时江苏的行政区划分为苏南人民行政公署、苏北人民行政公署和南京市人民行政公署三个区，统一由华东军政委员会管理。1950 年初，这三个区的人民检察署同时成立，相应的三枚印章也正式启用。1953 年，按照行政区划调整要求，苏南、苏北和南京市人民检察署合并为江苏省人民检察署，江苏省人民检察署印章启用。1955 年初，江苏省各级人民检察署正式改名为人民检察院。从此，四枚印章圆满地完成了历史使命。

一份份盖着红章的文件，见证了那些筚路蓝缕的检察岁月，见证了法治建设的铿锵步伐，见证了检察机关在党的绝对领导下，依法公正行使人民赋予权力的使命担当。

（文字：耿宜燕　江苏检察历史文化教育基地）

云南省人民检察署楚雄专区分署公告

（收藏于人民检察博物馆）

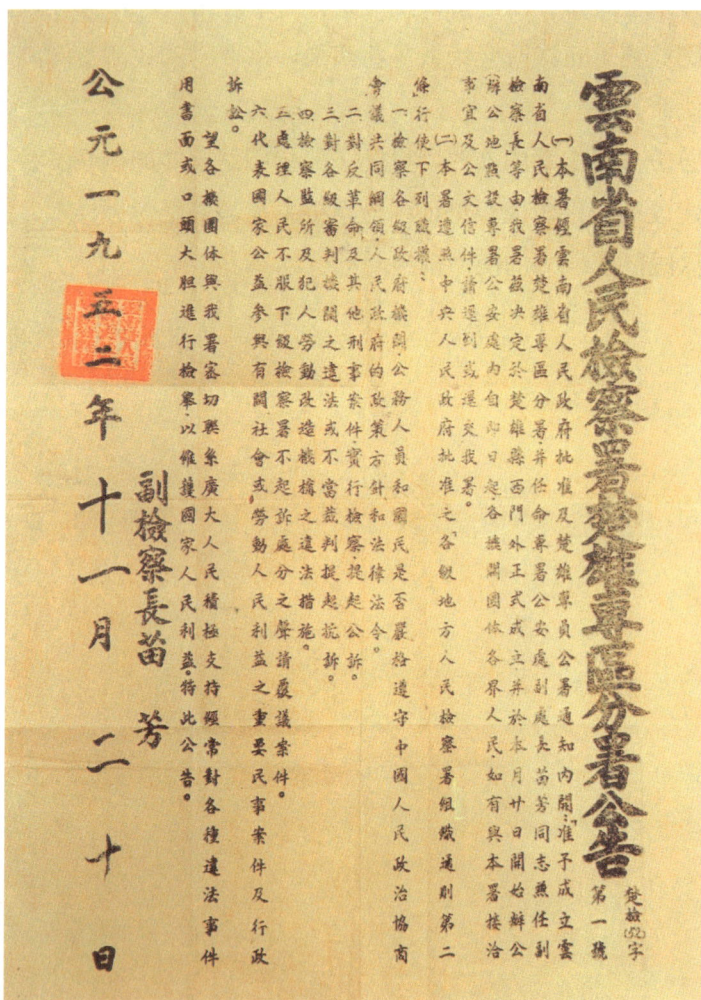

（图片提供：人民检察博物馆）

这是 1952 年 11 月 20 日《云南省人民检察署楚雄专区分署公告》（以下简称《公告》），收藏于人民检察博物馆。

《公告》宣布云南省人民检察署楚雄专区分署成立，由专署公安处副处长苗芳兼任副检察长，办公地点在楚雄县西门外专署公安处内。

《公告》公布了专区分署的六项职能：（1）检察各级政府机关公务人员和国民是否严格遵守《中国人民政治协商会议共同纲领》、人民政府的政策方针和法律法令。（2）对反革命及其他刑事案件实行检察提起公诉。（3）对各级审判机关之违法或不当裁判提起抗诉。（4）检察监所及犯人劳动改造机构之违法措施。（5）处理人民不服下级检察署不起诉处分声请复议案件。（6）代表国家公益参与有关社会或劳动人民利益之重要民事案件及行政诉讼。

《公告》呼吁："望各机关团体与我署密切联系，广大人民积极支持，经常对各种违法事件用书面或口头大胆进行检举，以维护国家人民利益。"

1950 年 9 月 4 日，党中央发布《关于建立检察机构问题的指示》，强调检察机关是人民民主专政的重要武器，必须加以重视，并对建立地方各级人民检察署提出明确要求。到 1953 年，全国省一级人民检察署全部建立，专区分署和省辖市人民检察署建立 196 个。

（文字：骆贤涛）

【延伸阅读】

1950 年 9 月 4 日，党中央发布了在人民检察史上具有重要历史意义的《关于建立检察机构问题的指示》，这是新中国成立后中央作出的关于检察工作的第一个指示。

《指示》指出：苏联的检察是法律监督机关，对于保障各项法律、法令、政策、决议等贯彻实行，是起了重大作用的。我们则自中华人民共和国成立以后，才开始建立这种检察制度，正因为它是不同于旧检察的新工作，很容易被人模糊。但因为它是人民民主专政的重要武器，故必须加以重视，望各级党委讨论并负责：（一）限于本年内将各大行政区各省、市检察署全部建立和充实起来；（二）某些专区、某些大县选择重点建立；（三）1951 年普遍建立各县检察署；（四）调配一定数量的老干部作骨干，附以若干纯洁知识青年。负检察责任的干部（指非技术事务性干部），必须是政治品质优良、能力相当、作风正派之人，不可滥竽充数。因为这不同于普通司法机关；（五）各级正副检察长必须由一能力较强、资望较高的老干部负责，切不可全是兼职，致同虚设，是为至要。

这一指示发布后，大力推进了各级检察署的建立。为了贯彻中央的指示，西北、西南、中南各大行政区的党政机关都制发了相应的文件。1951 年 1 月 12 日，《人民日报》刊发社论《加强人民检察工作》，体现了中央对于加快检察机关建设、推进检察工作的高度重视。这是新中国成立后人民日报首次以检察工作为主题刊发社论。社论指出：

……各级人民检察机关还没有普遍建立起来，而且已建立起来的包括最高人民检察署在内，也还极不充实；若干检察署的工作还没有展开，一般检察干部对于检察业务还很生疏；检察机关与其他机关、团体和广大群众还缺乏密切的联系。这些都是亟待改进的。

我们应该用大力建立和充实各级检察机关。当时在全国，从大行政区到县镇，将近 3000 个行政单位中，各级检察署只建立了大约百分之五。如广西等地，连省级检察署都尚未建立。已经建立的若干单位，由于缺乏干部，还无法开展工作。各级政府应尽力调配干部，帮助训练与培养干部。由于检察机关的性质，所调配的干部必须是品质纯洁和有坚定原则性的。

云南省人民检察署楚雄专区分署属于专区一级的检察署。据《云南省检察志》记载：1951年11月30日，云南省人民政府决定成立云南省人民检察署，中央人民政府政务院任命刘有光为云南省人民检察署检察长。任命后因刘有光另有任务未到职，由云南省公安厅副厅长丁荣昌兼任云南省人民检察署副检察长负责筹建。同年12月25日，云南省人民检察署正式挂牌成立，在云南省公安厅内临时办公，当时仅有3名专职干部。1952年11月，云南省人民政府先后任命杨青田、李戒迷为云南省人民检察署副检察长，由杨青田任中共云南省人民检察署党组小组书记，全院编制43人，年底实有14人。到1954年底，全省除云南省人民检察署外，建立了曲靖、玉溪、楚雄三个专区分署及昆明、个旧、晋宁三个市、县人民检察署，共有检察干部126人。

陈养山的检察长任命通知书

（收藏于人民检察博物馆）

（图片提供：人民检察博物馆）

这是 1951 年 11 月 23 日，周恩来总理签发的陈养山为南京市人民检察署检察长任命通知书，收藏于人民检察博物馆。

陈养山（1906—1991），浙江上虞人，1925 年加入中国共产党，开始了革命生涯。1927 年，陈养山被调入中央特科做情报工作，获得了大量的重要情报，并营救过我党的一些重要领导人，还清除了一批对党危害极大的叛徒。延安时期，先后任中共中央社会部地方工作科科长兼干部训练班班主任，中央党校支部书记。1945年后历任中共晋绥分局调查局局长、晋绥边区公安总局局长、中共西北局委员。新中国成立后，曾任上海市公安局副局长，中共南京市委常委、南京市公安局局长兼检察署检察长，华北公安局局长，司法部副部长等职。

陈养山任南京市人民检察署检察长期间，组织调配干部、充实机构、开展业务学习，围绕中心任务推动检察署积极投入镇压反革命、"三反""五反"运动等。1978年12月，陈养山任最高人民检察院副检察长、党组成员，为检察机关恢复重建及各项工作正规化发展作出了积极贡献。

（文字：朱廷桢）

【延伸阅读】

在最高人民检察院的院领导中，有相当一部分是具有公安、安全战线工作丰富经验的老革命，陈养山就是其中之一。

1906年10月7日，陈养山出生在浙江省上虞县的一个普通农民家庭。1919年6月，因为家境贫寒，陈养山到汉口当店员谋生。因受到五四运动的影响，他积极参加反对帝国主义、封建主义的革命活动，组织进步青年读书会，学习、传播马克思主义。1924年10月，他加入了中国社会主义青年团，1925年1月转为中国共产党党员。1925年4月底，陈养山只身来到上海青年团中央工作，开始了革命生涯。

在上海，陈养山和同事们设法通过往来于广州、上海、香港的轮船上的海员工会会员，秘密将大批书报带到上海，再由上海交通局转发全国各地。1926年春，陈养山被党组织指派参与领导上海闸北印刷工人举行大罢工。同年，受中央军委秘书长王一飞委托将3枚炸弹送到武汉。1926年冬，陈养山被调往浙江宁波国民党浙江省党部做统战工作，1927年3月被调到杭州组建党的组织机构。

1927年，陈养山被调到中央特科情报科，获得了大量的重要情报，并营救过我党的一些重要领导人，如任弼时、关向应、彭湃等，还清除了一批对党危害极大的叛徒。陈养山到中央特科工作后，公开身份是上海《申报》的记者，多次在险遭逮捕的紧急关头化险为夷。他和其他同志一起出生入死，获得了许多有重要价值的情报，受到党中央负责同志的称赞。

1927年11月，贺龙辗转来到上海，掩护贺龙的重任落在了陈养山的肩上。陈养山从寻找隐蔽地点到安排食宿和联络工作，全部事情都处理得非常出色，保证了贺龙在上海的绝对安全。其后，贺龙回湘西组织武装，党中央再次把掩护贺龙的任务交给了陈养山，他将贺龙护送到洪湖地区。1931年，陈养山辗转从天津到达上海，继续在中央特科做情报工作。

1935 年 12 月，陈养山与陈昌、陈克寒"三陈"利用"新四川通讯社"在重庆大张旗鼓地开展活动。陈养山说，这个"新四川通讯社"是由重庆行辖情报处出钱，广泛利用国民党中央党政军机关及地方军阀各派势力，用以联络各方社会人士，团结新闻界、文化界的进步人士，收集大量情报和进行统一战线工作，有极端复杂的政治背景的合法活动，谁能怀疑它是共产党的情报机关呢。除了通讯社的工作外，"三陈"还秘密领导和参加当地的抗日救亡活动，如重庆声援成都人民反对日本设立领事馆的斗争、支援绥远人民的抗日斗争等。1936 年 9 月间，陈养山到达西安参与联络西北军的工作后，很快被调到西安情报站，专门负责开展情报和统战工作，在很短时间内就建立了良好基础。

1945 年，陈养山到晋绥边区担任中共中央晋绥分局调查局局长，又回到了情报战线。他令几近瘫痪的调查局重新焕发生机，在敌占区还新建了一批情报站，并开辟了通往北平、天津等大城市的秘密交通线，按照中央情报部门指示，收集了大量的敌伪战报。抗日战争结束后，陈养山及时调整情报工作的方向，采取多种措施瓦解敌军。1948 年，解放战争进入战略反攻阶段，陈养山组织编写了国民党党、政、军、警、宪系统资料和城防工事图，印发给我党政军指挥机关参考，受到了彭德怀、习仲勋的称赞。1949 年 3 月，陈养山到延安担任中共中央西北局委员、社会部部长兼陕甘宁边区公安厅厅长，在建立和巩固革命政权的斗争中取得了显著成绩。

从 1924 年起，陈养山几乎没离开过情报保卫工作，始终没有被敌人发现，享有隐蔽战线的"福将"之誉。

王桂五的任命通知书

（收藏于人民检察博物馆）

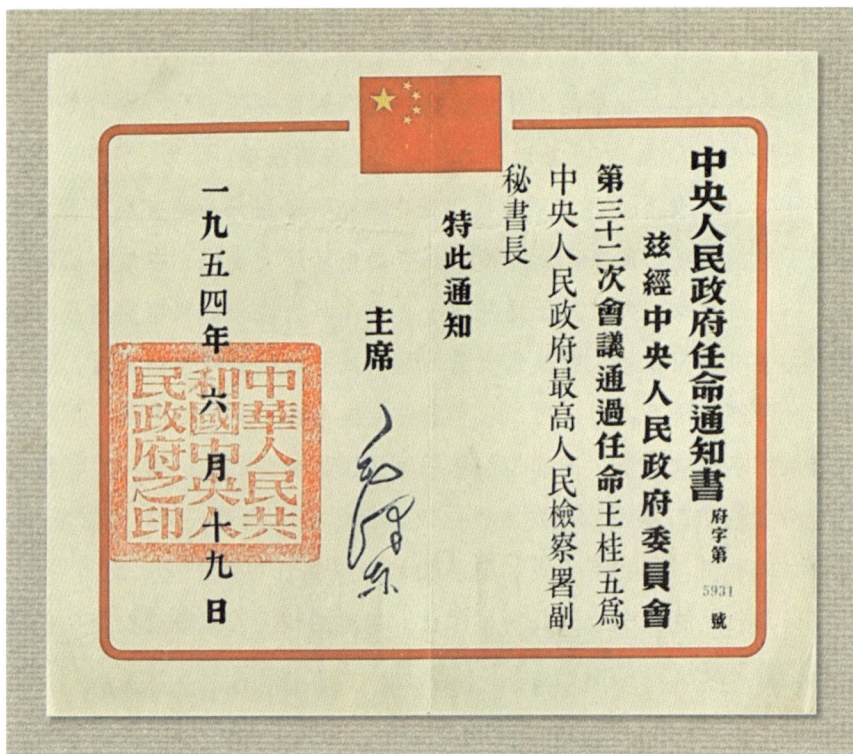

中央人民政府任命通知書 府字第 5931 號

兹經中央人民政府委員會

第三十二次會議通過任命王桂五爲

中央人民政府最高人民檢察署副

秘書長

特此通知

主席 毛泽东

一九五四年六月十九日

（图片提供：人民检察博物馆）

这是 1954 年 6 月 19 日毛泽东主席签发的王桂五为中央人民政府最高人民检察署副秘书长的任命通知书，收藏于人民检察博物馆。

王桂五（1918—1995），河南巩县人。1938 年加入中国共产党。1939 年 1 月任中共巩县县委首任书记。1941 年 7 月到达延安，先后在中央党校、行政学院学习。1944 年 11 月，参加开辟豫西敌后抗日根据地。1945 年 9 月后，随军南下，先后任中原军区第一纵队第一旅工作队队长、华东野战军独立师卫生部政委、晋冀鲁豫第十三纵队保卫部副部长、第六十一军保卫部部长。

新中国成立后，王桂五由部队转到最高人民检察署工作，是第一届党组成员之一，先后担任最高人民检察署研究室副主任，第一处副处长、处长，办公厅主任、副秘书长，检察委员会委员。先后参与了《中央人民政府最高人民检察署暂行组织条例》、《地方各级人民检察署组织通则》以及 1954 年人民检察院组织法的起草工作。

检察机关恢复重建后，王桂五从地方回到最高检工作，担任研究室主任、检察委员会委员、党组成员。1978 年 11 月，在《人民日报》发表署名文章《政法战线也要冲破禁区》，发出了政法战线拨乱反正的先声。参与 1979 年人民检察院组织法起草工作，这部法律总结新中国检察工作正反两方面的经验，明确规定人民检察院是国家的法律监督机关。1982 年，王桂五的专著《人民检察制度概论》出版，成为检察理论的奠基之作。他还主持了《当代中国的检察制度》《中华人民共和国检察制度研究》等重大课题，为中国特色社会主义检察制度的理论建构和实践探索作出了积极贡献。

（文字：闵 钐　朱廷桢）

【延伸阅读】

1918 年 9 月 18 日，王桂五出生于河南省巩县北侯村。幼时读私塾，1931 年考入巩县中学。16 岁时考入开封省立第一师范，在求学期间思想进步，秘密阅读大量的进步书刊，接受了党的主张和信念。1938 年 2 月，王桂五加入了中国共产党。1938 年夏，王桂五成为巩县党的负责人后，先后发展了一批社会青年、职员、校工、长工、农民等加入党的组织，到 1938 年年底，全县中共党员总数达到 30 多人，为中共巩县县委的建立奠定了可靠基础。1939 年 1 月，王桂五任中共巩县首任县委书记。

在新中国检察机关的初创阶段，参与起草人民检察院组织法是王桂五所做的最为重要的工作之一。经过 20 次反复修改，终于写出了这部组织法草案。《人民检察院组织法》获得全国人大全体会议通过后，人民代表大会制度下"一府两院"的国家机构体制得以正式形成。

王桂五在检察制度的理论研究方面渐渐崭露头角。1955 年，他在《政法研究》上发表了《人民检察制度的优越性》和《关于人民检察院的职权和组织原则》两篇文章。一个并非科班出身的领导干部，用 5 年时间，就达到了在高水平学术期刊上发表论文的水平。

1959 年"庐山会议"后，戴着一顶右倾的帽子，王桂五被下放青海工作。1978 年 11 月 7 日，《人民日报》刊发王桂五的署名文章《政法战线也要冲破禁区》。文章不仅列举了"禁区"的所在，而且大胆指出"有的人早就在政法战线上设置了禁区"，从而把冲破禁区的斗争引向了更深的层次。这篇文章发出了政法战线拨乱反正第一声，标志着政法系统拨乱反正的开始。

王桂五重新回到最高人民检察院工作岗位后，立即参加了我国第二部人民检察院组织法的起草工作。起草工作自 1978 年冬开始，历时半年。1979 年 9 月 5 日，第五届全国人大第二次会议通过了这部法律。此后，自我加压、时不我待的责任感敦促王桂五撰写了一系列理论文章，在法学专业期刊、《人民日报》等媒体上频频发表，其中包括《检察制度与人民民主》《学习列宁关于检察监督工作的论述》《试论刑事犯罪与阶级斗争》《我国社会主义民主的新发展和发展民主的正确途径》等。这些文章，在理论上澄清困惑，在思想上鼓励法学界坚定信心、团结起来。而且，在那个"人心向法"的年代，这也是献给公众的普法"大餐"。

1982年，王桂五的《人民检察制度概论》出版，该书阐述了检察制度的一些基本问题，分析了新中国成立后检察工作"三起三落"的经验教训，成为检察制度理论的奠基之作。1992年，他的第二本文集《敬业求是集》出版。在这本书中，可以看到王桂五对于人民检察制度研究的足迹。新中国成立后，他对我国人民检察制度的历史及人民检察院的性质和任务、设置和组织原则、职权和行使职权的程序、工作路线和工作原则等进行了精辟论述；在《中华人民共和国刑法》《中华人民共和国刑事诉讼法》颁布后，他对如何正确执行"两法"进行了研究；在打击严重刑事犯罪的斗争中，他对依法从重从快的方针做过精当的论述；在制定民事诉讼法、行政诉讼法的过程中，他就"两法"中的检察监督进行了论述；在推进我国检察制度的改革中，他又全面地探讨和论证了改革的方案。

王桂五为新中国人民检察制度的建立殚精竭虑，为检察理论的发展辛勤耕耘。1995年12月20日，王桂五因病在北京逝世。

《中华人民共和国检察机关组织条例草案（初稿）》

（收藏于中国国家博物馆）

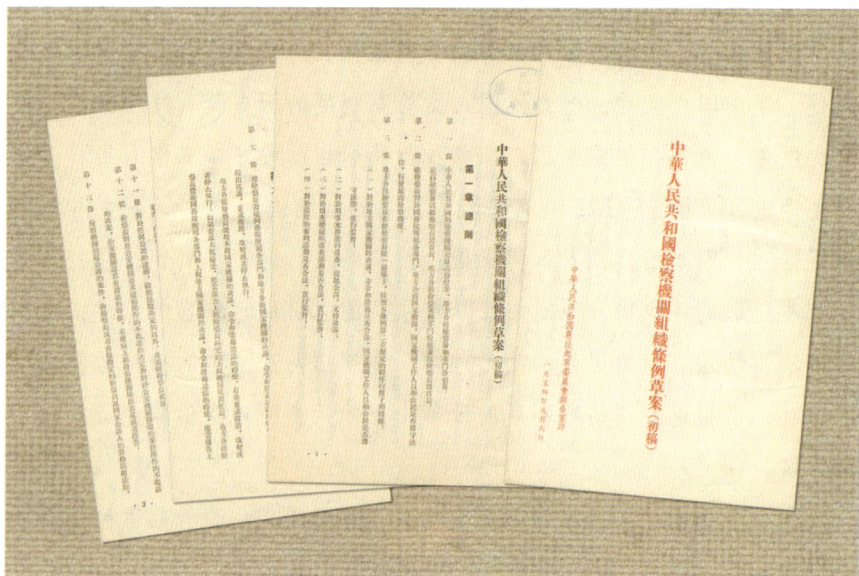

（图片提供：中国国家博物馆）

这是董必武收藏的《中华人民共和国检察机关组织条例草案（初稿）》（以下简称《草案（初稿）》），1954 年 9 月 6 日由中华人民共和国宪法起草委员会办公室印制，经家属捐赠，现收藏于中国国家博物馆。

人民检察院组织法是 1954 年在彭真直接领导下起草的，最高人民检察署参与起草工作的是高克林、周新民和王桂五。《草案（初稿）》共 3 章 22 条。第一章为"总则"，规定了检察机关的设置、检察职权、领导体制、适用法律一律平等、独立行使职权、对人大负责并报告工作等内容。第二章为"检察机关行使职权的程序",规定了检察机关在一般监督、提起刑事案件、侦查活动监督、批准逮捕、审查起诉、出庭公诉、审判活动监督、判决和裁定的抗议(现称为抗诉)、列席审判委员会、刑事判决执行监督、劳动改造机关活动监督以及列席有关机关会议、调阅文件等方面的履职程序。第三章为"检察机关的组织",规定了检察机关人员任免、任期、人员组成等。

《草案(初稿)》经广泛深入讨论,充分听取各方面意见后,于1954年9月21日在第一届全国人民代表大会第一次会议上正式通过,名为《中华人民共和国人民检察院组织法》。

(文字:闵钗 骆贤涛)

【延伸阅读】

　　《中华人民共和国人民检察院组织法》是新中国成立后颁布的第一部人民检察院组织法。这部法律较为系统地规定了人民检察院的设置、职权、行使职权程序、组织与活动原则以及人员任免等基本内容。

　　第一，全面规定了人民检察院的各项法律监督职权：（1）一般监督，即最高人民检察院和地方各级人民检察院分别对国务院所属各部门和地方国家机关的决议、命令和措施是否合法，国家机关工作人员是否遵守法律，实行监督；（2）侦查监督；（3）审判监督；（4）监所劳改监督。同时，还规定检察机关对刑事案件进行侦查，提起公诉，支持公诉，以及对于有关国家和人民利益的重要民事案件有权提起公诉或者参加诉讼。根据上述规定，各级人民检察院内设业务机构也相应地按照各项法律监督职权进行设置。

　　第二，规定了人民检察院行使职权的程序。包括一般监督程序，对刑事案件侦查的程序，侦查监督程序，提起公诉和审判监督程序，对刑事判决的执行和对监狱、看守所、劳动改造机关的监督程序等。除一般监督程序外，其他程序属于刑事诉讼和司法监督的程序。在这些程序中体现了公安机关、检察机关和人民法院分工负责，互相配合，互相制约的原则。在当时尚未制定刑事诉讼法的情况下，人民检察院组织法关于行使检察权的程序的规定，部分地起到了刑事诉讼法的作用，保证了刑事案件的正确处理。

　　第三，把法律面前人人平等，规定为行使检察权的一项重要原则，即对于任何公民，不分民族、种族、性别、职业、社会出身、宗教信仰、教育程度、财产状况、居住期限，在适用法律上一律平等。

　　第四，根据宪法规定，把保护公民人身自由，作为检察机关实行法律监督的重要内容之一："对于任何公民的逮捕，除经人民法院决定的以外，必须经人民检察院批准。"这是国家赋予检察机关的庄严任务。严格执行这一规定，就能够有效地防止和克服乱捕乱押的违法乱纪现象，也有利于防止和减少办理案件中的错捕错押，改进司法工作。

第五，关于人民检察院内部的领导体制。将原来的"检察委员会议"改为"检察委员会"，其任务是"在检察长领导下，处理有关检察工作的重大问题"。刘少奇在第一届全国人民代表大会第一次会议上的《关于中华人民共和国宪法草案的报告》中，明确指出检察委员会是一种合议性质的组织。

第六，在检察机关的设置方面。规定设置专门人民检察院，包括军事检察院和铁路、水上运输检察院，以利于加强人民解放军和交通运输部门的社会主义法制。新中国检察机关的组织系统包括最高人民检察院、地方各级人民检察院和专门人民检察院，从而使检察体制更加健全和完备。

第七，关于人民检察院人员的任免程序。强调统一集中的原则，地方检察人员的任免权均属于中央：省、自治区、直辖市的人民检察院的检察长、副检察长、检察员和检察委员会委员，由最高人民检察院提请全国人民代表大会常务委员会批准任免；省、自治区、直辖市的人民检察院分院和县、市、自治州、自治县、市辖区人民检察院的检察长、副检察长、检察员和检察委员会委员，由省、自治区、直辖市的人民检察院提请最高人民检察院批准任免。这一任免程序是与垂直领导体制相适应的。

第八，关于检察机关名称的改变。新中国成立后，检察机关的名称为"人民检察署"。经毛泽东主席提议，"检察署"的名称改为"检察院"。

《中华人民共和国检察署条例草案（初稿）讨论意见汇辑》

（收藏于中国国家博物馆）

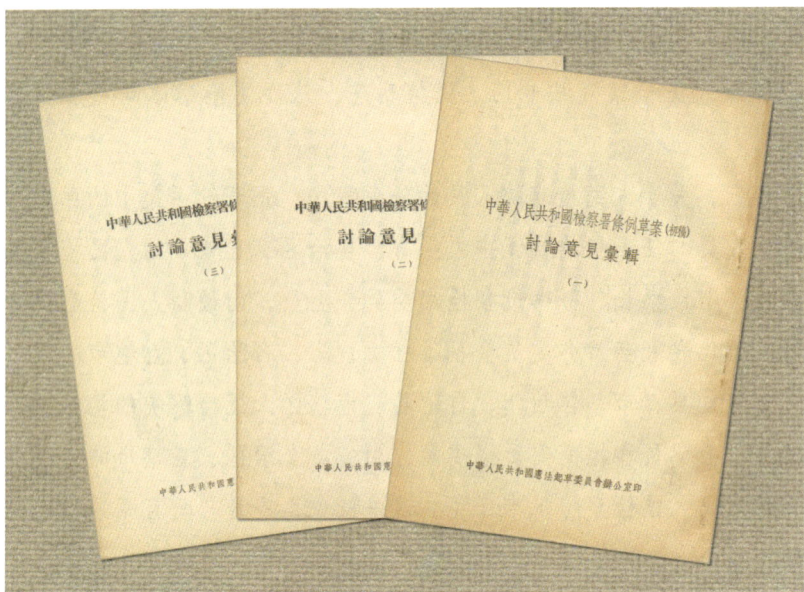

（图片提供：中国国家博物馆）

　　这是董必武收藏的《中华人民共和国检察署条例草案（初稿）讨论意见汇辑》（以下简称《意见汇辑》），共三册，经家属捐赠，现收藏于中国国家博物馆。

　　《意见汇辑》的编写体例为：将所有讨论意见分为"一般性意见"和"对条文修改意见"；"一般性意见"又分为"名称""结构"和"问题"。

讨论意见除了一些对条例结构的建议和文字性的修改意见，主要涉及领导体制、法律监督范围、总检察长制、人员任免、行使职权的程序等方面。有的意见得到采纳，最终在立法上体现，例如取消草案中规定的总检察长设置，贯彻民主集中制原则，规定"各级人民检察院设检察委员会，检察委员会在检察长领导下处理有关检察工作的重大问题"。

《意见汇辑》由中华人民共和国宪法起草委员会办公室编印，是1954年《人民检察院组织法》的重要立法史料。

（文字：骆贤涛）

　　1954 年的"两院"组织法是在召开第一届全国人民代表大会第一次会议和制定《中华人民共和国宪法》（以下简称《宪法》）的过程中同时制定颁布的，因此有必要将《人民检察院组织法》的出台放在制定 1954 年《宪法》的历史背景中去考察。

　　1954 年初，中共中央指定成立了一个宪法起草小组，由毛泽东主席领导并亲自参加工作。党内的这个起草小组从 1954 年 1 月 7 日开始工作，3 月 9 日工作结束。1954 年 3 月 23 日，宪法起草委员会举行第一次全体会议，此时工作和讨论的基础即是毛泽东主席领导的党内宪法起草小组写出来的《宪法》草案（初稿）。

　　1954 年 5 月 29 日，《宪法》起草委员会第四次全体会议在中南海勤政殿举行，刘少奇主持会议，对于法院、检察署的有关条文进行了讨论。原来《宪法》初稿的第七十四条是："中华人民共和国的检察机关对政府机关、国家机关工作人员和公民的犯法行为，行使检察权。"此次会议讨论稿的该条文是："中华人民共和国最高人民检察署直接或者通过各级人民检察署对中央人民政府所属各部门、对地方各级人民政府、对国家机关工作人员和公民是否遵守法律实行最高检察。"这时的讨论稿中写上了"最高检察"的字样。会上有人主张把"最高检察"改为"最高监督"。刘少奇建议，将"直接或者通过地方各级人民检察署"删除。刘少奇还对"监督"的提法提出了看法。他说："既然叫作'总检察长'，又叫了个'监督'，好像不要'检察'了。检察机关只有决定逮捕之权和控诉之权，没有审判之权。它的权力很大，但也有一定的限制。"关于检察制度《宪法》条文的讨论中，还有关于检察的对象的。

　　关于总检察长的设置，《宪法》草案初稿第七十五条规定："中华人民共和国总检察长任免省、中央直辖市、自治区和自治省的检察长和副检察长。县、市、自治州、自治县的检察长由省、自治区、自治省的检察长呈请总检察长批准任免。总检察长、副总检察长和地方各级检察长的任期一律五年。"到《宪法》正式通过时，则取消了"总检察长"的提法。1954年《宪法》第八十二条规定："最高人民检察院检察长任期四年，人民检察院的组织由法律规定。"第八十四条规定："最高人民检察院对全国人民代表大会负责并报告工作；在全国人民代表大会闭会期间，对全国人民代表大会常务委员会负责并报告工作。"

1954年9月15日，刘少奇作《关于中华人民共和国宪法草案的报告》，其中第七项指出：宪法起草委员会对于宪法草案中有关检察机关的各条的规定作了较大的修改，其中主要是对于第八十一条到第八十四条这四条的修改。从修改后的条文可以看出，人民检察院除了设检察长、副检察长和检察员以外，还设立了检察委员会。检察委员会是在检察长领导下处理有关检察工作的重大问题的组织。在人民检察院内设立这样的合议组织，可以保证集体地讨论问题，使人民检察院能够更加适当地进行工作。我们认为，在检察机关采取这种制度是比较适合于我国目前的实际状况的。

张鼎丞的第一届全国人大代表当选证书

（一级文物　收藏于人民检察博物馆）

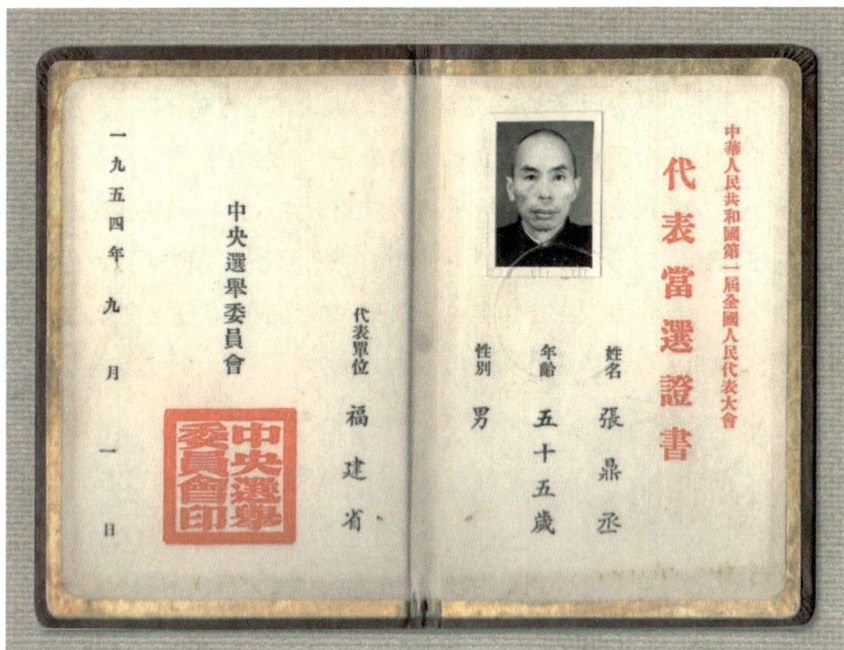

（图片提供：人民检察博物馆）

这是张鼎丞第一届全国人民代表大会当选证书，一级文物，收藏于人民检察博物馆。

张鼎丞（1898—1981），福建永定人。1927年加入中国共产党。1928年6月，组织领导永定暴动，任暴动总指挥。1930年9月，任闽西苏维埃政府主席。1931年11月，任中华苏维埃共和国中央执行委员会委员、土地人民委员部人民委员（部长）。1932年3月，任福建省苏维埃政府主席。中央红军长征后，张鼎丞留在苏区领导闽西南游击战争。解放战争时期，任华中军区司令员、中央华东局常委、组织委员会书记等职。新中国成立后，曾任中共福建省委书记兼福建省政府主席、华东行政委员会副主席兼政法委员会主任、中共中央组织部副部长。

第一届全国人民代表大会第一次会议于 1954 年 9 月 15 日至 9 月 28 日在北京召开。代表总人数 1226 人（其中女代表 147 人，少数民族代表 178 人）。55 岁的张鼎丞以福建省代表身份，当选全国人大代表，随后在会议上被选举为最高人民检察院检察长。1959 年 4 月、1965 年 1 月，张鼎丞又连续两次当选最高人民检察院检察长。

（文字：朱廷桢）

【延伸阅读】

张鼎丞是中华人民共和国第二任检察长，也是任职时间最长的检察长，为共和国检察事业作出了卓越贡献。

1954年9月，第一届全国人民代表大会第一次会议召开，张鼎丞当选为中华人民共和国最高人民检察院检察长。张鼎丞上任后，继续大力推进检察机关的组织机构和队伍建设、推进各项业务建设。1955年1月，张鼎丞就检察机关的编制、干部配备等问题向邓小平汇报，得到邓小平大力支持。张鼎丞强调，宪法颁布以后，每个县都必须建立检察机关，要把各级检察院在全国普遍建立起来，检察机关这个武器必须完全掌握在党的手里，配备干部必须重视质量。同年2月，中共中央批准了最高人民检察院党组关于检察业务工作会议情况和今后工作意见的报告。

在党中央的关心下，检察机构建设和人员配备有了很大进展。张鼎丞提出，地方检察机构的建设要按照"普遍建立、重点充实、逐步完善"的方针。最高人民检察院慎选和配备了一批资历老、能力强、威望高、作风好的优秀领导干部担任了各省、自治区、直辖市人民检察院的检察长。到1955年年底，全国检察人员达到23000余人。1956年2月，最高人民检察院制定了编制方案，全国各级人民检察院正式编制43271人。当时刘少奇和彭真请编制委员会的习仲勋研究，习仲勋认为加强检察机关十分必要，4万多人的编制并不大。按照留有余地的原则，在1956至1957年，全国检察人员约有3万人。1955年，铁路水上运输检察院和军事检察院先后成立。

张鼎丞注重加强最高人民检察院自身建设，先后调梁国斌、李士英、黄火星任最高检副检察长。按照各项法律监督职权，设立内设业务机构：一般监督厅、侦查厅、侦查监督厅、审判监督厅、劳改监督厅。

在业务建设方面，1954年11月，张鼎丞提出"以打击危害各时期中心工作的违法犯罪分子为中心，以城市、交通要道地区为重点，有计划有步骤地建立检察业务各项制度"。典型试验是抓业务建设的重要环节。他强调，要采取先典型试验，取得经验，指导全盘，再全面展开的方法。最高人民检察院将河北、辽宁等地确定为典型试验的重点，主要内容是检察机关刑事诉讼各项活动和法律程序。典型试验增长了检察干部的法律知识，提高了其业务水平，培养了一些有示范作用的基层检察机关，推动了检察业务建设和具体工作的开展。最高人民检察院及时总结各地试点经验，并根据人民检察院组织法的规定，逐步草拟并不断完善了一般监督、侦查、侦查监督、审判监督、监所和劳改监督等各项业务的试行办法。

从 1954 年《中华人民共和国宪法》和《中华人民共和国人民检察院组织法》颁布到 1957 年上半年，是人民检察事业发展的大好时期，全国检察组织机构体系基本建成，各级人民检察院依法开展各项业务工作，该阶段也被称为"黄金时期"。1957 年 7 月 1 日，张鼎丞在第一届全国人民代表大会第四次会议上作《关于 1956 年以来检察工作情况的报告》，他在报告中指出："各级检察机关的业务已经基本上建立起来，已经能够基本上担负起国家赋予它的职能了。同时还表明，在党和国家的领导下司法各部门之间分工负责、互相制约的制度已经建立起来了，司法干部遵守革命法制依法办事的作风加强了。我国的社会主义法制不仅在革命实践中起了巩固专政和保护人民民主的巨大作用，而且从实践中证明了它较之任何资本主义国家的法制具有无比的优越性。"

"文化大革命"期间，张鼎丞受到严重迫害，但他始终顾全大局，坚持原则。在 1978 年的第五届全国人民代表大会第一次会议上，张鼎丞当选为全国人大常委会副委员长。1980 年 8 月，为了响应中央废除领导终身制的号召，张鼎丞起草了辞职书，递交中央。第五届全国人民代表大会第三次会议通过决议，接受了他的辞职请求。1981 年 12 月，张鼎丞因病在北京逝世，终年 83 岁。

《中华人民共和国人民检察院组织法》公布

（一级文物　收藏于中国国家博物馆）

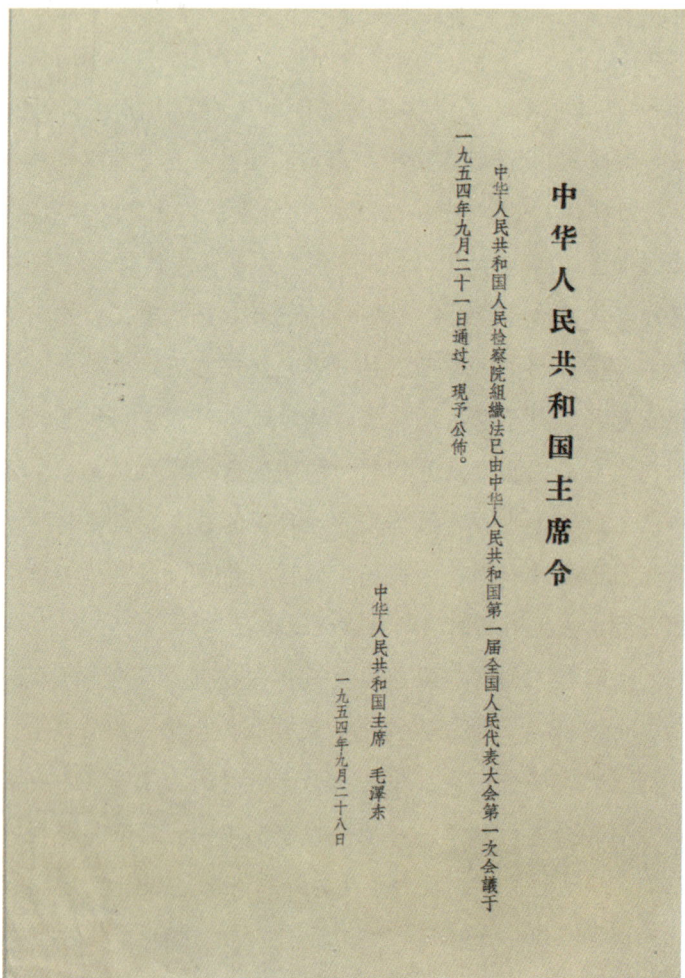

中华人民共和国主席令

中华人民共和国人民检察院组织法已由中华人民共和国第一届全国人民代表大会第一次会议于

一九五四年九月二十一日通过，现予公佈。

中华人民共和国主席　毛澤東

一九五四年九月二十八日

（图片提供：中国国家博物馆）

这是 1954 年 9 月 28 日毛泽东主席签发的中华人民共和国主席令，一级文物，现收藏于中国国家博物馆。

1954 年，随着新中国政权的巩固和社会主义建设的逐步展开，完善国家法律制度成为重要任务。1954 年 9 月，第一届全国人民代表大会第一次会议在北京召开。9 月 21 日，会议审议并通过了《中华人民共和国人民检察院组织法》。在讨论人民检察院组织法草案的过程中，前 20 稿中检察机关的名称都沿用"人民检察署"，毛泽东主席鉴于检察工作的重要性，提议将"人民检察署"改为"人民检察院"。9 月 28 日，毛泽东主席签发主席令，公布《中华人民共和国人民检察院组织法》。

（文字：骆贤涛）

《中华人民共和国人民检察院组织法》公布

【延伸阅读】

"一个国家实行什么样的司法制度，归根到底是由这个国家的国情决定的。"人民检察院与人民法院平行设置的两院体制是中国特色社会主义司法制度的鲜明特征，是党绝对领导下的人民司法制度长期发展、渐进改进、内生性演化的结果，是近代以来中国司法的经验总结，具有深厚的历史逻辑。

《说文解字》中对"署"的解读如下："部署，有所网属。从网，者声。"从其中的解释不难看出，"署"有部署、从署之意。从广义上讲，所有的行政机构都属于官署。在中国古代，官署指古代政治机构的办公场所，州府、县署、监司等官方机构都有相应的官署，因此和署相关的机构往往广泛存在于古代各大行政部门，以"署"为名称的国家机构虽然只占其中一部分，但分布于多种部门。

清末变法修律、官制改革，司法裁判与传统行政分立，揭开了中国近代司法体制改革的序幕。1906 年 12 月，清政府颁布《大理院审判编制法》，其中第十二条规定："凡大理院以下审判厅、局，均须设有检察官，其检察局附属该衙门之内。"次年正式设检察厅，配置检察官。清政府在各审判机构内分别设置总检察厅、高等检察厅、地方检察厅和初级检察厅。1927 年 8 月 16 日，国民政府发布第一百四十八号训令暨"裁撤各级检察厅并改定检察长名称令"，从 1927 年 11 月 1 日起，各级检察厅均被裁撤，改为在各级法院内设置由司法部选派的首席检察官及由首席检察官统领的检察官，负责各项检察事务，结束了自清末以来的审检合署制，改为检察官配置制。

裁撤各级检察厅后，审判厅和检察厅并立的局面不复存在，但是即便是配置制，机构意义上的检察署（最高法院）和检察处（高等法院和地方法院）很快就又恢复了。1928 年 11 月，国民政府公布《最高法院组织法》，1929 年 8 月修正，规定"最高法院配置检察署，检察署置配检察长 1 人，指挥监督并分配该管检察事务，设检察官 7 人至 9 人处理关于检察之一切事务"。"最高法院检察署检察长及检察官均为简任职"（民国期间公务员分为简任职、荐任职、委任职三等）。检察处的提议，首先出自司法行政部 1928 年 8 月起草的《暂行法院组织法草案》，在其附具理由中称："现制不废检察官，仅废检察长，而代以首席检察官，削减其狱务行政权，比之旧制，不过缩小范围而已。实施结果，往往因权限不清，动多龃龉，似不如别为检察处，从而规定其职务，可以减少多少之误会冲突。"此后，在经司法行政部指令颁布的《河南高等法院暂行组织条例》《河南高等法院第二分院暂行组织条例》《浙江高等法院检察处暂行处务规程》《浙江省地方检察处暂行处务规程》等法规中，都明确了"检察处"的设置。需要指出的是，检察处并无印信，对外行文使用首席检察官印信。在需要与法院共同行文时，首席检察官印信与法院印信并列使用。

毛泽东为"两院"司法体制作出关键决策。在党领导的工农民主政权建设中，人民检察制度孕育而生。1946 年 10 月，陕甘宁边区第三届参议会决定，将陕甘宁边区高等法院检察处改为"陕甘宁边区高等检察处"，首次确定了审检并立体制。1949 年 9 月通过的《中央人民政府组织法》规定："组织最高人民法院及最高人民检察署，以为国家的最高审判机关及检察机关。"至此，在中华人民共和国成立之初，人民检察署与人民法院同属中央人民政府，署院平行设置的司法体制已然形成。1954 年 9 月，在讨论《中华人民共和国人民检察署组织法（草案）》时，毛泽东提出："既然检察工作这么重要，为什么叫检察署，不叫检察院呢？可以改为院么！"第一届全国人民代表大会通过《中华人民共和国宪法》和《中华人民共和国人民检察院组织法》，将检察署改为检察院，正式确立了共和国"一府两院"的国家机构体制。检察机关和审判机关不仅平行设置，而且在名称上也对等为"院"，具有独立的宪法法律地位。

"法院配置检察员—法院内设检察处—人民检察署—人民检察院"的机构名称演变，蕴含着深刻的历史逻辑，体现了人民检察制度发展的历史必然性。从检察署到检察院虽只是一字之差，但体现的是党中央对检察制度的高度重视，蕴含着党基于国情对检察机关的准确宪法定位和对中华优秀传统法律文化的深刻把握。近代以来中国检察制度的发展历程，伴随着要不要检察机关，要一个什么样的检察机关，检察机关的宪法定位以及在国家机构体系中的地位，领导体制，职权范围等诸多方面的理论探讨和实践检验，展现出鲜明的螺旋式发展特征。世界上没有完全相同的法治模式，也没有完全相同的检察制度。一个好的检察制度应适应本国经济、政治、社会发展需要和国家民主法治建设需要。在中国共产党对国家制度和法律制度探索的历程中，通过长期发展、渐进改进、内生性演化，逐步形成了"两院"司法体制，这是党领导人民在法治领域的伟大创举，符合我国国情、适应国家民主法治建设，具有历史必然性、内在合理性、显著优越性。要把握其深刻的历史逻辑，以习近平法治思想指引新时代检察理论和实践，不断推进中国特色社会主义检察制度成熟定型。

20 世纪 50 年代最高检使用的相机

（收藏于人民检察博物馆）

（图片提供：人民检察博物馆）

这是 20 世纪 50 年代最高人民检察院摄影师温士英（上图右）使用的一台双镜头反光式相机，收藏于人民检察博物馆。相机长 20 厘米，宽 7.5 厘米，高 9.5 厘米，品牌为 Rolleiflex（禄来福莱克斯）。

温士英，1929 年出生，辽宁绥中人，1945 年因家境贫寒，不得不舍弃学业，在锦州照相馆当学徒。1953 年，因两位师傅的推荐，他得以进入最高人民检察署东北分署工作。1954 年，温士英调入最高人民检察署东北工作团工作，任材料组专职摄影师。当时中央政府拨专款为东北工作团购买了莱卡 M3 和禄来福莱克斯相机，是当时国内配备的最好的拍摄设备。在抚顺战犯管理所，他不仅用手里的相机拍摄了大量的侦讯资料，记录了战犯们日常的改造生活，而且还亲身经历和目睹了我国政府对日本战犯所进行的人道救赎的努力和成效。1956 年，温士英正式调入最高人民检察院。此后，除了检察机关被撤销的时期外，他一直在最高检工作，为共和国检察事业留下了大批珍贵的历史照片。

（文字：朱廷桢）

【延伸阅读】

　　1954年3月，东北工作团入驻抚顺。温士英随团到抚顺工作。工作团成员刚到抚顺的那些日子，室外最低温度一直在零下28℃左右。日本战犯管理所在距离抚顺市5公里的抚顺城，因而最高检察署工作团的团部，也就设在了抚顺城西北一所市行政干部学校旧址中。

　　工作团先后派出50多人前往黑龙江、吉林、辽宁、内蒙古、河北、北京、天津等12个省区市进行调查取证，收集到控诉书、证词、鉴定书、照片以及日伪档案书报等材料2.8万余件。在此期间，温士英用手中的相机拍摄侦讯资料，记录战犯们日常的改造生活，留下大量珍贵的影像史料。

最高检对武部六藏等 28 名战争犯罪案起诉书

（收藏于人民检察博物馆）

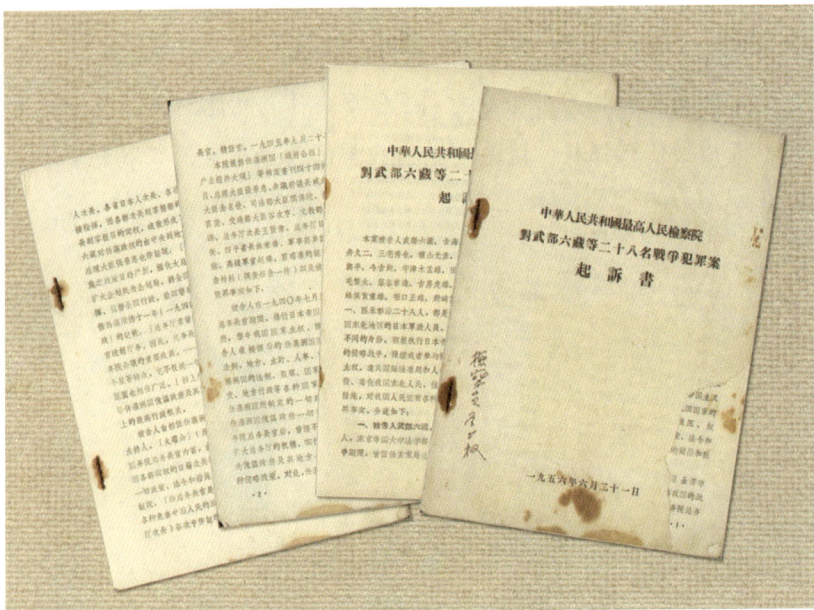

这是中华人民共和国最高人民检察院对武部六藏等 28 名战争犯的罪案起诉书，由该案检察员高正权捐赠，收藏于人民检察博物馆。

日本帝国主义发动侵华战争，对中华民族犯下了滔天罪行，使中国人民遭受了巨大的生命和财产损失。对于造成此罪行的部分战犯，包括一些首要战犯，战后已由东京远东国际军事法庭于 1946 年作出处理。1956 年 5 月至 8 月，中华人民共和国最高人民检察院根据对在押的 1062 名日本侵略中国战争中的战争犯罪分子进行侦讯的结果，区分情况向最高人民法院特别军事法庭提起公诉或者作出免予起诉的宽大处理。

依据全国人大常委会《关于处理在押日本侵略中国战争中战争犯罪分子的决定》，最高检根据在押战犯所犯罪行的性质、危害程度、情节轻重，决定对铃木启久、富永顺太郎、城野宏、武部六藏等45名罪行严重的战犯分作四案提起公诉。这份起诉书即是第四案对武部六藏等28人的起诉书。

日本帝国主义侵占中国东北领土后，专门在伪满政府内设立了操纵伪满政务的总务厅，担任总务厅长官和次长的武部六藏、古海忠之就是策划和推行政治、军事、经济、文化等各项侵略政策、法令和措施的首要罪犯。其余各被告人则是镇压中国东北人民的日伪宪兵、铁路警护军军官和伪满行政、警察、司法系统官员。他们操纵或参与操纵伪满洲国傀儡政权，侵夺中国国家主权，镇压、奴役、毒化中国东北人民，掠夺中国东北资源等，犯有各种严重罪行。

1956年7月1日，特别军事法庭在沈阳开庭审理武部六藏等28名被告一案。担任国家公诉人的是：首席检察员李甫山，检察员军法上校曹振辉、胡春雨，检察员李放、郭春来、毛志奇、高正权、孟武楼。7月20日，特别军事法庭对45名被告人全部审理完毕，分别对各被告人判处8年至20年的有期徒刑。

这份厚达73页约5万字的起诉书，详细列明了被告人在侵华战争期间的累累罪行，是最高检察机关依法惩治战犯、维护国家尊严和民族利益的珍贵历史记录。

（文字：闵 钗　骆贤涛）

【延伸阅读】

　　1956 年 5 月至 8 月，最高人民检察院根据在押的 1062 名日本侵略中国战争中的战争犯罪分子进行侦讯的结果，分别向最高人民法院特别军事法庭提起公诉或者作出免予起诉的宽大处理。这是一件具有重要政治意义和国际影响的大事。

　　当时在中国关押的日本战犯有 1109 名，其中 969 名是苏联政府于 1950 年 7 月移交给中国政府的，其余 140 名是中国政府从 1948 年到 1952 年间陆续逮捕的。关押期间因各种原因死亡 47 名，到 1956 年处理时是 1062 名。

　　早在 1951 年 6 月间，最高人民检察署就开始部署处理日本战犯的调查工作，后因为朝鲜战争，调查工作暂时搁置下来。1954 年 2 月，最高人民检察署成立"侦处日本战犯工作团"，开始对在押的日本战犯进行侦查处理工作。工作团全体人员先集中在北京真武庙，进行了短时期的培训，主要学习有关方针政策、法律程序、侦查审讯和调查取证等业务。经过两年多艰苦细致的工作，对日本战犯的侦查工作结束。1956 年 3 月，最高人民检察院副检察长谭政文在政协全国委员会上作关于侦查日本战争犯罪分子的情况和处理意见的发言。4 月 25 日，张鼎丞检察长向全国人大常务委员会作《关于侦查在押的日本侵略中国战争中的战争犯罪分子的主要情况和处理意见的报告》。全国人大常委会通过了《关于处理在押日本侵略中国战争中战争犯罪分子的决定》（以下简称《决定》）。《决定》指出：

　　现在在我国关押的日本战争犯罪分子，在日本帝国主义侵略我国的战争期间，公然违背国际法准则和人道原则，对我国人民犯了各种罪行，使我国人民遭受了极其严重的损害。按照他们所犯的罪行本应该予以严惩，但是，鉴于日本投降后十年来情况的变化和现在的处境，鉴于近年来中日两国人民友好关系的发展，鉴于这些战争犯罪分子在关押期间绝大多数已有不同程度的悔罪表现，因此，决定对于这些战争犯罪分子按照宽大政策分别予以处理。

《决定》规定：

（一）对于次要的或者悔罪表现较好的日本战争犯罪分子，可以从宽处理，免予起诉。

对于罪行严重的日本战争犯罪分子，按照各犯罪分子所犯的罪行和在关押期间的表现分别从宽处刑。

在日本投降后又在中国领土内犯有其他罪行的日本战争犯罪分子，对于他们所犯的罪行，合并论处。

（二）对于日本战争犯罪分子的审判，由最高人民法院组织特别军事法庭进行。

（三）特别军事法庭使用的语言和文件，应该用被告人所了解的语言文字进行翻译。

（四）被告人可以自行辩护，或者聘请中华人民共和国司法机关登记的律师为他辩护。特别军事法庭认为有必要的时候，也可以指定辩护人为他辩护。

（五）特别军事法庭的判决是终审判决。

（六）处刑的罪犯在服刑期间如果表现良好，可以提前释放。

1956 年 5 月 1 日，张鼎丞检察长签发《对在日本侵略中国战争期间犯有各种罪行的铃木启久、富永顺太郎、城野宏、武部六藏等 45 名战争犯罪案起诉决定书》，分作 4 案，向最高人民法院特别军事法庭提起公诉。7 月 20 日，特别军事法庭对 45 名被告人审理完毕，分别对各被告人判处 8 年至 20 年的有期徒刑。在特别军事法庭审判主要战争犯罪分子的同时，最高人民检察院于 6 月 21 日、7 月 15 日、8 月 18 日分 3 批，对 1017 名日本战争犯罪分子宣布免予起诉，宽大释放。

特别军事法庭旁听证

（收藏于人民检察博物馆）

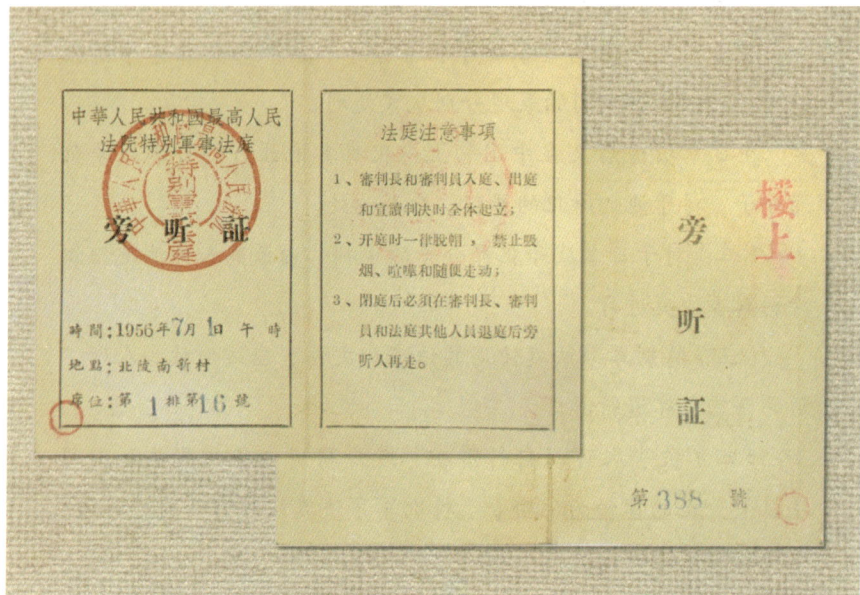

（图片提供：人民检察博物馆）

　　这是中华人民共和国最高人民法院特别军事法庭旁听证，收藏于人民检察博物馆。这张旁听证是最高检工作人员曾龙跃同志捐赠的。

　　这场庭审被告人是武部六藏、古海忠之等 28 名日本战犯，在沈阳开庭。旁听证上写明时间为 1956 年 7 月 1 日，地点在北陵南新村，席位是第 1 排第 16 号，正面右边写有法庭注意事项。证件封面写有"楼上"二字，编号为 388。庭审的场所是一幢建于 1954 年的小楼，原为中国科学院东北分院的一个俱乐部，1955 年成为利群电影院。

1956年，特别军事法庭选择这里作为审判法庭。

出席法庭的国家公诉人是：首席检察员李甫山，检察员军法上校曹振辉、胡春雨，检察员李放、郭春来、毛志奇、高正权、孟武楼。特别军事法庭庭长贾潜担任审判长，审判员是杨显之和军法上校王许生。辩护律师是关梦觉、赵敬文等19人。审判公开举行，到庭旁听的有中国人民政治协商会议代表，各民主党派和人民团体的代表，当地工厂、机关、学校的代表。许多新闻界人士也到庭采访。

特别军事法庭受理本案后，于开庭前一周内，将译成日文的起诉书副本送达各被告人，并分别为他们指定辩护人。这在一些被告人中引起了强烈反应。他们说："中国法律真是民主和光明正大。"伪满总务厅次长古海忠之看了起诉书后说："起诉书控告我的罪行都是事实，我要好好认罪。"

法庭给被告人以充分的辩护权，告知被告人有权为自己辩护，也可以由律师为他们辩护。出庭律师认真履行了辩护职责，从犯罪情节、认罪态度、被告人所处的社会环境和所受的教育等为被告进行了辩护，建议法庭从宽处刑。在公诉人和辩护人发言之后，被告人作了最后陈述，再次供认了各自所犯的罪行，表示真诚地接受裁判。

这张旁听证是对日本战犯公开、公正审判的历史见证。

（文字：闵 钐　骆贤涛）

特别军事法庭旁听证

【延伸阅读】

出席特别法庭的首席检察员是李甫山，他曾任陕甘宁边区保安处办公室主任，中共甘肃省委委员，甘肃省人民政府委员兼公安厅厅长，最高人民检察署办公厅主任，最高人民检察院第二检察厅厅长，山西省人民检察院党组副书记、副检察长。

1953 年秋，李甫山调任最高人民检察署党组委员、办公厅主任。1953 年 11 月，根据国际形势的发展变化，党中央考虑拟处理在押的日本战犯。随后，周恩来总理召见了最高人民检察署和公安部负责人，就侦讯处理在押日本战犯进行了具体部署，责成最高人民检察署负责此项工作，公安部人力支援。为推动侦讯工作顺利进行，最高人民检察署党组决定从公安、检察、大专院校、涉外单位借调侦讯员、翻译等工作人员 200 多人，组成专门机构——最高人民检察署东北工作团，负责侦讯日本战犯和伪满汉奸，李甫山任工作团主任。经过集中学习培训后，1954 年 3 月 7 日，东北工作团一行 200 余人移驻抚顺开展工作。

这是新中国成立以来办理的首起大规模外籍犯案件。在押日本战犯个个都犯有战争罪，但具体罪行又各有不同，有在军事上搞烧杀抢掠的、有在经济上搞物资掠夺的、有使用生化武器残害中国人民的、有操纵伪满政权镇压屠杀东北百姓的……根据这一情况，李甫山多次组织召开工作会议，认真分析讨论日本战犯现状特点，针对在押战犯人数众多、类型复杂、罪行相异、职别不等的特点，决定采用"分化瓦解、各个击破"的工作策略：对军队尉级以下的官兵和行政委任职以下的官吏，鉴于罪行较轻，采取以教育为主的方法，启发和引导他们自觉认罪悔罪；对军队佐（校）级以上军官和伪满洲荐任职以上的官吏，由于其罪行严重，进行重点侦讯。

1954 年 3 月 17 日，东北工作团召开"认罪检举动员大会"，正式拉开了侦讯工作的帷幕。伪满洲国皇帝爱新觉罗·溥仪和伪国务院总务厅次长古海忠之，是在押伪满汉奸和日本战犯中最有影响力的人物，李甫山亲自审讯二人。东北工作团与战犯反复交锋，威之以法、喻之以理。最终，溥仪亲笔写下了翔实的认罪材料；古海忠之进行了公开认罪，并告诫其他战犯："罪责是不可推卸的，国际法规定'凡是在侵略战争期间犯有各种罪行的人，被侵略国家都有权自行处理任何战争犯罪分子'。"

经过7个多月夜以继日地奋战，1954年10月底，东北工作团基本完成了侦讯战犯的内查外调工作，共收集到控诉书、证词、鉴定书、照片以及日伪档案快报等证据2.8万余件。之后，侦讯工作转入复核审查阶段，为审判战犯做起诉准备。1956年，党中央决定由最高人民法院组成特别军事法庭审判日本战犯。最高人民检察院经过审慎研究，并报请中央批准后，决定对45名罪大恶极的日本战犯，依据所犯罪行性质不同分作四案提起公诉。

1956年7月1日至25日，特别军事法庭在沈阳公开审理了武部六藏、古海忠之等28名战犯案，李甫山作为东北工作团主任，担任最高人民检察院首席检察员出庭支持公诉。经过25天的漫长审理，罪恶累累的28名战犯终于得到了正义的审判，并当庭向中国人民忏悔认罪。最终，特别军事法庭分别判处28名被告12年至20年不等的有期徒刑。

1956年8月25日，随着最后一批战犯被免诉释放，标志着李甫山领导的东北工作团全体干部历时两年6个月，克服重重困难，终于圆满完成了最高人民检察院党组交办的这一历史重任。

特别军事法庭旁听证

百岁老人珍藏的结业证书

（收藏于人民检察博物馆）

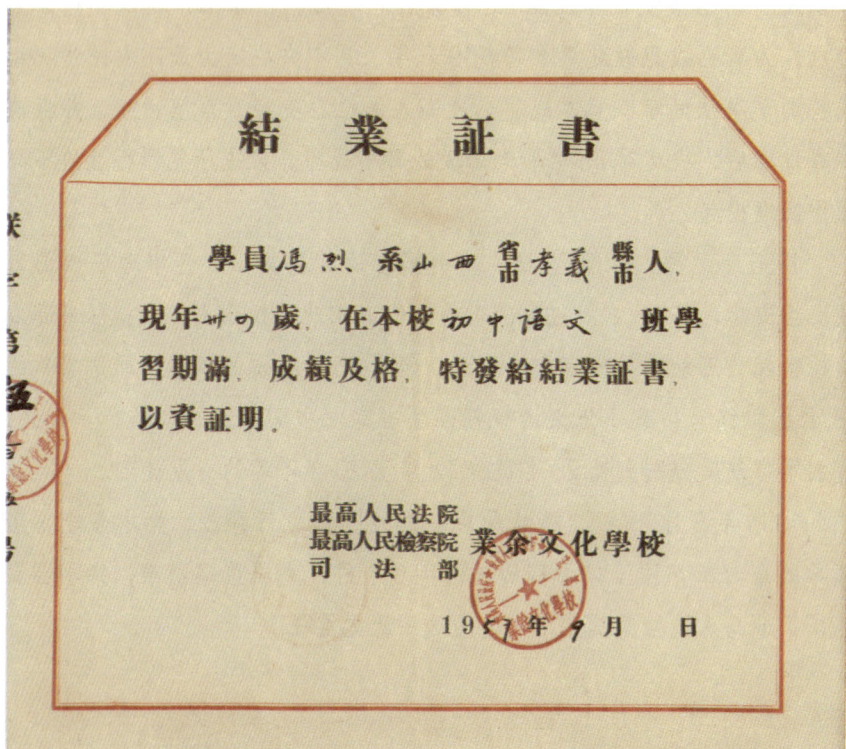

結 業 証 書

學員冯烈 系山西省 市孝义 縣人，
市

現年卅四歲，在本校初中语文 班學
習期滿，成績及格，特發給結業証書，
以資証明。

最高人民法院
最高人民檢察院 業余文化學校
司法部

19   年 9 月   日

（图片提供：人民检察博物馆）

这是 1957 年 9 月最高检冯烈同志获得的业余文化学校结业证书，收藏于人民检察博物馆。

冯烈生于 1922 年 7 月，山西孝义人，2024 年已 102 岁高龄。1939 年 8 月，她参加八路军 115 师学兵大队；1940 年 2 月在山西省武乡县抗大总校学习。1941 年 10 月加入中国共产党。此后在山西省灵石县妇联会、汾阳县妇联会、省军区武装部、汾阳地委、清源县妇联会工作。1951 年 2 月到最高检工作，1979 年 2 月离休。

20 世纪 50 年代，为尽快提高司法干部的文化素养，最高人民法院、最高人民检察院、司法部共同组织业余文化学校，加强对干部的教育培训。冯烈在其 1956 年 3 月的自传中写道："由于自己文化很低，缺乏理论，当时不愿来中央领导机关工作，思想顾虑很大，……最主要的是不会写东西，因此积极要求学习文化。"她表示："现在妨碍我更多、更好地为党和人民做更多一些工作的，亦即我的致命缺点仍然是文化低，……今后努力的主要方向是积极地有计划地进行文化、理论学习，从各方面提高自己，以便跟着社会主义建设一同前进。"

结业证书显示，冯烈在业余文化学校初中语文班学习期满，成绩及格。这是新中国成立后检察干部教育培训的一个缩影。这份结业证书，冯烈同志珍藏了近 70 年，2024 年初捐赠给人民检察博物馆。

（文字：骆贤涛　朱廷桢）

抗日模范村走出的女兵
——访最高人民检察院抗战老兵冯烈

"我们村是抗日模范村，100多户人家，出来参加抗日革命队伍的有108个人，女的出来了5个，都是十几岁的孩子。108人现在就剩下我和一个弟弟两个人了。"冯烈用洪亮的声音向记者讲述着记忆里的抗战故事。

1937年七七事变后，冯烈在抗日救国的感召下投身到抗日战争中。1939年参加八路军115师学兵大队。由于敌人封锁了铁路和公路，要从一个根据地转移到另一个根据地，必须经过敌人的封锁线。为了不被敌人发现，只能在没有月亮的晚上行动。"人家睡觉都是脱鞋，我们睡觉得把鞋穿好，鞋带系紧，衣服穿整齐。一有命令就得马上出发。"冯烈回忆说，为防止有人掉队，都会安排一个男兵带两个女兵。行军时，有的女孩子走着走着就睡着了，趴在地上不起来，男兵把她们拽起来继续走，还不能有一点儿声响。万一被敌人发现开了枪，谁也不许跑，就算中了枪，也得相互扶着一起走，不许任何人掉队。

1940年，冯烈在抗大学习，同年加入中国共产党，一直从事妇联工作。先后在灵石、汾阳、清徐深入农村，组织、宣传、动员妇女参加抗日。1950年调省军区、武装部后勤科工作；1951年底调入最高人民检察院办公厅工作；1979年2月离休。

在战火纷飞的年代里，冯烈一直战斗在敌占区、游击区，处境非常艰难，多次被敌人包围，经常遭遇险境，为了顺利完成党交给的任务，出生入死，无所畏惧。冯烈从不考虑个人得失，生活上既无工资，又无津贴，一心想着跟党走，为民族的解放事业奋斗终身。

1942 年农历腊月二十九，大雪纷飞，寒风刺骨，正是滴水成冰的数九天，听说游击队刚从前线突围回来，冯烈到离县城五里地的小山村了解妇救工作情况。突然听到了枪声，她快步走进一户百姓家中，这位妇女正从织布机上下来，两人见面后没说几句话，日本人就闯进门，张牙舞爪地问，"有没有土八路进来过"？那位房主被吓得只是抱着小孩坐在炕上摇头，冯烈见状大声回答，"不知道什么叫八路军，听不懂你的话"。那几个日本人在家里翻箱倒柜什么也没有找到，气冲冲地用枪砸坏织布机的机头，又把院里的狗打死，而后离开。

　　敌人走后，冯烈和老乡谈了大约半小时，正准备返城，又听到连续不断的枪声、狗叫声。当时所有的路都堵死了，只有一条小路可以冲出去。老乡把孩子托付给冯烈，主动提出自己来应对日本兵，让冯烈先走。老乡跟冯烈换了服装，还在冯烈脸上抹了把锅底灰，防止被敌人认出来，暴露目标。在重重围困中，已牺牲了几位民兵，无奈之下，冯烈鼓足勇气，趁日本人一时不注意，抱着孩子跳下雪山，死里逃生，在山洞里露宿一夜，天明前赶回县城。

《检察日报》2020 年 9 月 4 日

全国公安检察司法先进工作者大会纪念刊

（收藏于人民检察博物馆）

（图片提供：人民检察博物馆）

这是 1959 年编印的《全国公安检察司法先进工作者大会纪念刊》，收藏于人民检察博物馆。

　　1959 年 5 月 11 日至 22 日，全国公安、检察、司法先进工作者大会在北京召开。出席大会的先进单位代表和先进个人代表共 2345 名，其中检察系统出席的代表 330 名。这是一次表彰先进的大会，也是一次交流经验的大会。有 186 名代表在会上介绍先进经验，其中有检察干部 47 人。

　　大会期间，刘少奇、宋庆龄、董必武、朱德、周恩来、陈云、邓小平、林伯渠、彭真等党和国家领导人接见了大会全体代表。

（文字：刘　柳　骆贤涛）

黄火星工作证

（收藏于中国人民解放军军事检察院）

（图片提供：中国人民解放军军事检察院）

这是最高人民检察院副检察长兼军事检察院检察长黄火星的工作证，收藏于中国人民解放军军事检察院。工作证编号为最高人民检察院检字第0003号，制发时间为1966年8月1日。

1955年5月，黄火星奉调进京，负责筹建军事检察院。同年11月，第一届全国人大常委会第二十三次会议批准任命黄火星为最高人民检察院副检察长兼军事检察院检察长。在检察工作中，黄火星坚持实事求是的原则，强调要严格区分两类不同性质的矛盾，在执行政策上要注意"严中有宽、宽中有严、宽严相济"；在制度建设上，强调要从实际情况出发，不能全盘照搬。

（文字：闵钐 骆贤涛）

1909 年 7 月 11 日，黄火星出生在河南一个贫苦家庭，原姓陈。1926年养父病故后，家道败落，生活日益艰辛。悲苦的身世，艰难的世道，幻想的破灭，使黄火星渐渐萌生了反抗思想。1925 年，黄火星在自家瓷厂当学徒时，参加了由瓷工学徒组织的"聚英社"新班。1929 年年初，在党组织的帮助下，"聚英社"新班改为"学徒联合会"。黄火星与共产党员余金德等结为好友，在他们的直接教育和启发下，黄火星开始认识到，穷人要改变自己的命运，必须团结起来进行斗争，打倒地主资本家，推翻反动统治。

1930 年 3 月，红军第三次进入景德镇，觉悟了的工农群众，几天内就有 3000 多人报名参加红军。黄火星加入浮梁游击大队，担任宣传员兼司务长。同年 11 月，在余金德等介绍下加入中国共产主义青年团，改名为黄火星。1931 年，经组织批准，黄火星如愿以偿进入赣东北特区葛源军政学校学习，实现了他参加红军后的第一个人生愿望。在校期间，黄火星聆听了方志敏、邵式平、薛子正等同志的报告和讲课，学习了马克思主义的理论和军事知识，思想觉悟和军事素质都有了很大的提高。经该校教育长薛子正等同志介绍，黄火星于 1931 年 4 月转为中国共产党党员。

黄火星从军政学校毕业后，被分配到弋阳第四游击大队任政委。1933 年 1 月，黄火星所在的红十军改编为红十一军，黄火星被任命为三十三师九十五团政委。为了配合中央红军粉碎国民党第四次"围剿"，红十一军首战光泽，继而折回金溪打击敌三十六师。黄火星在每次战斗中总是身先士卒，勇猛杀敌，被人称为"猛子政委"。

1934 年 7 月，上杭、永定、龙岩地区形势日益恶化。黄火星接任福建军区第一军分区政委兼代英县独立营政委。当时已是第五次反"围剿"的末期，杭永岩苏区已逐渐变为游击区，环境十分恶劣。黄火星根据省委和军区指示，部署开展游击战争。黄火星和游击队员长期隐蔽在深山密林中，以山岩洞穴为房，野菜竹笋当粮，还要时常与"清剿"的敌人战斗、周旋，忍受着难以想象的困苦。1938年1月，新四军军部在南昌成立。坚持了三年艰苦卓绝游击战争的闽西南2000多名游击健儿，正式改编为"国民革命军新编第四军第二支队"，黄火星被任命为二支队委员、三团团长。1938年3月1日，二支队由龙岩白土出发，开始了从闽西到皖南的千里大转战。7月6日，黄火星率部在安徽当涂与芜湖之间，击毁敌寇军用火车一列，全歼10余名押运军用品的日军，缴获大批军用物资。8月17日，又组织三团狠狠打击了盘踞当地为非作歹的伪匪朱永祥和川军余宗臣部，毙敌100余人，击伤247人，将余宗臣部驱逐出小丹阳。

新中国成立后，1955年，黄火星负责筹建军事检察院，在我军历史上和新中国检察史上都是第一次。对黄火星来说，没有任何现成的经验可以借鉴，一切都要从零开始，面临的困难可想而知。从人员调配，到制定各项政策、规定，黄火星都要亲自抓、具体抓。他不怕辛苦、迎难而上，每天随身携带一个鼓鼓囊囊的公文包，里面装着各种文件、业务学习资料和笔记本，随看随记，边干边学。为了提高检察干部的业务水平，他亲自主持制订业务学习计划，组织编写、印发学习资料，使检察干部的法律知识、政策水平和业务能力迅速得到提高。

军事检察院建立初期，从体制到工作程序都是照搬苏联。黄火星经过认真研究后指出："党对军队的绝对领导是我军的优良传统，军事检察工作也不能例外，必须接受党委和政治机关的领导，决不能搞'垂直领导'，要从我们的实际情况出发。要学习人家的先进经验，但不能全盘照搬，既要依法办案，加强法律监督，又要接受党的领导，以保证坚定正确的政治方向。"

1956年，为了搞好肃反甄别定案工作，他亲自到部队检查指导，一再要求参加这一工作的干部要严格掌握"以事实为根据，以法律为准绳"的原则，认真审查材料，核实证据，防止错漏现象发生。他反复强调："中央对肃反工作的方针、政策很明确，叫作'有反必肃，有错必

检察文物有话说

278

纠'，能不能做到这一点，不仅是个水平高低的问题，而且是个党性问题"；"检察工作人命关天，又重要又复杂，作为一个检察干部，一定要坚持原则，秉公执法，学习《十五贯》中的况钟，不做过于执。"他对每个案件的处理都十分慎重，做到重调查、重证据、重事实，不枉不纵。

1957年，全国开展反右派斗争。黄火星坚持一切从实际出发，在他的领导下，整个军事检察院没有一个人被打成右派，抵制了扩大化错误。他反复教育大家必须分清两类不同性质的矛盾，不能用感情代替政策，混淆敌我界限和是非界限。他的这种坚持原则、实事求是的精神是难能可贵的。

1960年12月，黄火星兼任中国人民解放军总直属队政治部主任。此时，由于最高人民检察院检察长张鼎丞身体欠佳，组织上决定由黄火星主持最高人民检察院的日常工作。他身兼数职，工作更加繁忙，常常是忙了这头忙那头，有时还要参加中央政法小组的会议，晚上回家经常工作学习到深夜一两点钟。由于劳累过度，他的糖尿病越来越严重，医生多次劝他住院治疗，他一直以工作忙推托，最后病倒了才去住了几天院。

1965年8月，组织上批准黄火星退出现役，免去兼任的军事检察院检察长职务，以便让他集中精力负责最高人民检察院的工作。"文化大革命"中，最高人民检察院被撤销。身患严重糖尿病的黄火星和最高人民检察院机关干部一起，被下放到湖北沙洋"五七"干校劳动。直到1970年春，他的病情越来越严重，不得不回京治疗，后被确诊为结肠癌晚期。1971年4月，黄火星因病在北京逝世。

四任检察长使用过的办公桌

（二级文物　收藏于人民检察博物馆）

（图片提供：人民检察博物馆）

　　这是最高人民检察院恢复重建后四任检察长使用过的办公桌，办公桌长 152 厘米、宽 92 厘米、高 82 厘米，是二级文物，收藏于人民检察博物馆。

　　1978 年最高检恢复重建后，先是在中央办公厅厂桥招待所临时办公，后搬到东安门北街 147 号（现北河沿大街 147 号）院。重建初期，各方面条件都比较艰苦，最高检机关本着勤俭办一切事情的原则，克服困难，积极开展工作。按照当时最高检办公厅制发的《关于办公室家具配备的规定》，为黄火青检察长配备了办公桌、椅一套，沙发一套，此后这张办公桌为杨易辰、刘复之、张思卿检察长所使用，前后共使用近 20 年时间。

（文字：闵 钗　朱廷桢）

【延伸阅读】

1978 年 6 月 1 日，恢复重建后的最高检开始正式办公，最初的办公地点在中央办公厅厂桥招待所。不久，最高检搬到了东华门，借用民政部的房子办公。谈起恢复重建时的艰苦环境，时任最高检副检察长的冯锦汶印象深刻："初建时一切因陋就简，主要办公用房是北楼一排二层旧楼。各位检察长办公室、办公厅、会议室都挤在楼上，我和江文同志合用一个办公室，南房是已经几十年的一座二层危楼，各厅都是一间办公室七八人共处。"当时的最高检，被称为"上无片瓦，下无寸土"，既没有机构，又没有干部，连办公场所都没有。

"为了工作，我向中央提出需要 50 人的工作编制，中央告诉我只能在北京选调。"经过慎重考虑，黄火青找来了原来东北局的候补书记喻屏、原最高检副检察长张苏、辽宁省委组织部副部长杨子谦和他过去的秘书、天津市委工业学大庆办公室负责人吴方等几位同志，一起筹建最高检机构。"严格慎选、保证质量"是黄火青在选调干部中坚持的原则。在他的努力下，1978 年 5 月，中央和全国人大常委会分别批准任命了最高检党组成员和副检察长，建立了最高检的领导班子。经过两个月的紧张工作，在中央组织部的大力支持下，7 月底，最高人民检察院的机构初步建立起来，设置了办公厅，有负责审查批准逮捕、审查决定起诉、劳改检察工作的一厅和负责对违反法纪案件的检察和接待人民来信来访工作的二厅，以及政治部、研究室，共调集干部 60 人，初步建立了必要的工作、学习制度。

1978 年 6 月 1 日，最高人民检察院启用印鉴。到同年 9 月底，全国各省、自治区、直辖市检察院都已选举任命了检察长、副检察长或指定了负责人，有 22 个省、自治区、直辖市检察院已经开始办公。全国地市和县级检察院已有半数建立起来，进展较快的省已有 80% 以上地市和县建立了检察院。一年后，全国已经有 97% 的县建立了检察院，共配备检察干部 25000 余人，并初步开展了工作。

最高人民检察院正式办公后，建设工作也迅速走上正轨。在人事方面，喻屏、张苏、王甫、李士英、陈养山、郗占元、江文、关山复先后被任命为最高检副检察长。在机构设置方面，继 1978 年 8 月刑事检察厅、信访厅、研究室等业务机构设立以后，1979 年 1 月设立了监所检察厅、法纪检察厅，同年 8 月 10 日，设立了经济检察厅。至此，最高检的筹建工作基本完毕，全国检察机关也先后进入了一个崭新的历史时期。

在最高检恢复重建后的数年里，人员编制和办公用房都比较紧张。作为检察长，黄火青没有自己单独的办公室，几位副检察长都是两三个人挤在一间房子里办公。即便这样，黄火青也没有向国家要求过什么。他坚持因陋就简，尽一切力量开展工作。与新中国历史上其他时期明显不同的是，恢复重建时期的检察工作是在人心思定、人心思治的环境中进行的。恢复重建时期的最高检工作，正是在黄火青等老一辈革命家的带领下，按照党中央的要求，顺应时代呼唤，适时确定了检察工作方针，推动了检察工作的大踏步前进。

四任检察长使用过的办公桌

检察制服的变迁

（收藏于人民检察博物馆）

（图片提供：人民检察博物馆）

这是陈列在人民检察博物馆的 84 式检察制服和 2000 式检察制服。

人民检察院实行统一着装，是维护国家法治尊严，依法行使检察权的需要。检察制服是检察人员依法履行法律职务时统一穿着的制式服装。从 1949 年到 1984 年，我国尚无统一的检察人员制式服装。为了加强和健全社会主义法制、维护国家法律尊严、有效地行使国家检察权，1984 年 1 月 14 日，经国务院批准，最高人民法院、最高人民检察院、财政部联合发出《关于人民法院、人民检察院干部穿着统一制服的几项规定》，各级人民检察院担任现职的检察员、助理检察员、书记员，穿着统一的检察制服。

84 式检察制服分为春秋、夏、冬季三种服装。春秋季男装为豆绿色中长纤维华达呢军干服式制服（上页图右二），女装为豆绿色中长纤维华达呢西装式制服；夏季男装为米黄色的确良府绸小翻领制服，女装为米黄色的确良府绸西装式制服（上页图右一）；冬季男装为豆绿色的确良咔叽军干服式罩服，女装为豆绿色的确良咔叽小翻领罩服。肩章为红地镶金黄边呢质长方形硬肩章，正中加一枚铝合金质圆形检察院徽章。1988 年换装后，检察制服面料统一为豆绿色，1991年增加检察领花（上页图左三、左四）。2001 年 2 月，检察机关正式换装 2000 式检察制服，西服式、检察蓝，佩戴胸徽，成为新世纪检察人的职业形象（上页图左一、左二）。

新中国成立 75 年来，检察制服从无到有，从 84 式到 2000 式，见证了共和国检察人努力让人民群众在每一个司法案件中感受到公平正义的初心和使命，汇聚为一代代检察人的珍贵记忆。

（文字：闵 钐　朱廷桢）

【延伸阅读】

84式检察制服具有明显的军队服装色彩。自2000年7月起，2000式检察制服在北京、上海、海南、深圳、大连、青岛等省市开始试穿。2000式检察制服取消了大檐帽、帽徽和肩章，淡化了原有的"军服"色彩，使检察官着装更加文职化。

据设计人员介绍，在评审2000式检察制服时，主要考虑了功能、简捷、审美三个方面。检察制服不需要像某些行业服装那样具备特殊功能，其最重要的功能是体现司法公正。综合考虑，2000式检察制服选择了蓝色系列，颜色庄重且能较好地展现检察官职业的威严和严谨，还能营造出一种凝重的氛围，从而体现公正。同时，检察制服反对休闲风格，强调线条分明。考虑到检察官作为一种社会职业，还需注重亲和力，西装的大众化和亲和力恰好满足了这一需求。2000式检察制服的版型设计由大连碧海集团的于泽正先生完成，样式设计则由苏州大学的钱孟尧先生负责。专家们在他们的设计基础上进行了调整和改进。

在中国人民大学法学院教授何家弘看来，检察机关统一着装，反映了法律工作向职业化、专业化的回归。由于检察等司法执法工作具有高度的专业性，需要丰富的法律知识和深厚的理论根基，因此，统一着装用符号强调了这一点。这种转变，体现了司法工作正在向法律工作的规律靠近。对于检察官来说，统一着装对他们职业自律观念和依法办案思维习惯的形成有着潜移默化的影响。

如果说检察制服是检察人的"形"，那么努力让人民群众在每一个司法案件中感受到公平正义的不懈追求则是检察人的"神"。新时代新征程，共和国检察人将不断从党绝对领导下的人民检察事业光辉历程中汲取智慧和力量，不忘初心、牢记使命，弘扬忠诚、为民、担当、公正、廉洁的新时代检察精神，高质效办好每一个案件，为以中国式现代全面推进强国建设、民族复兴伟业提供有力法治保障。